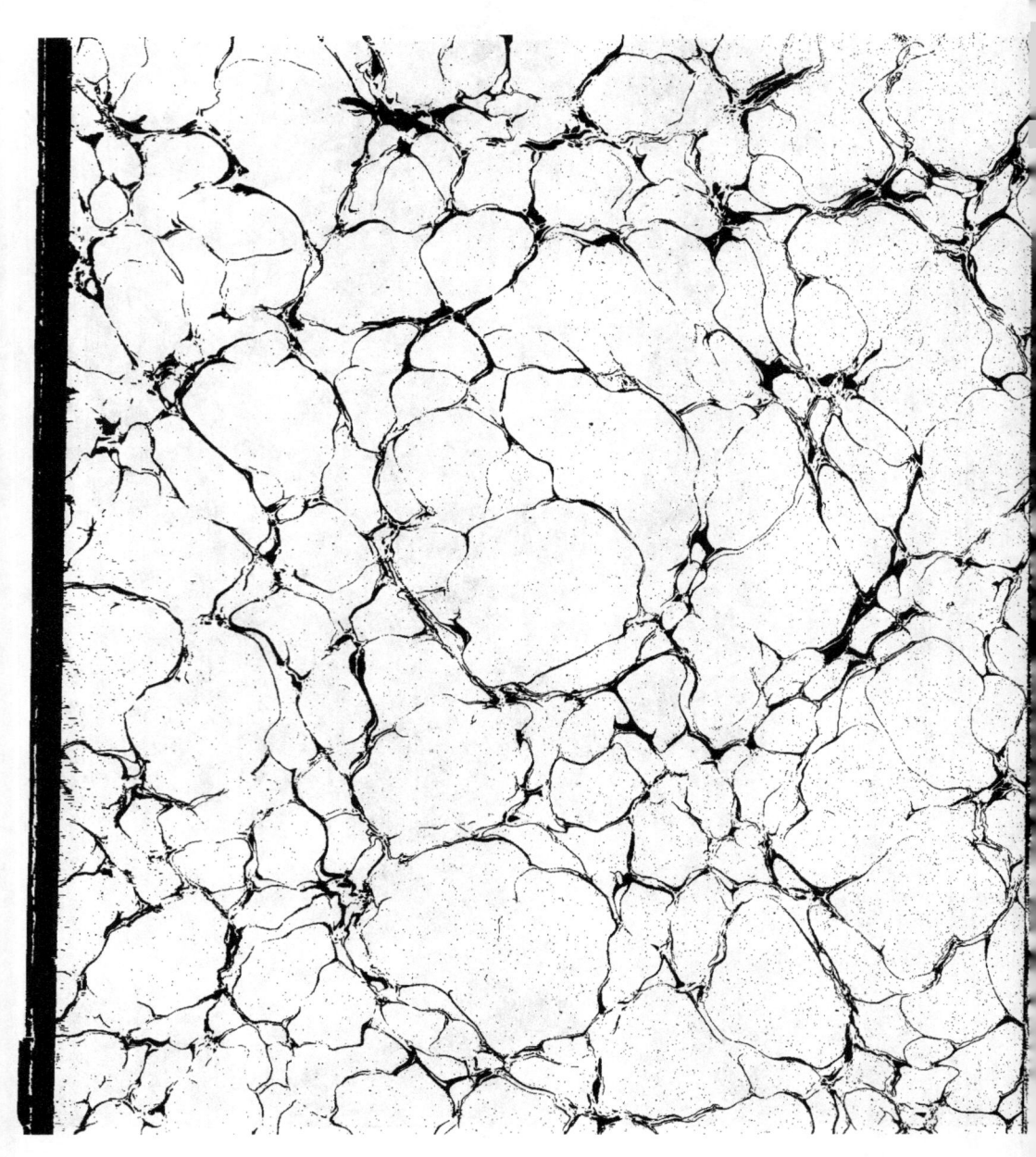

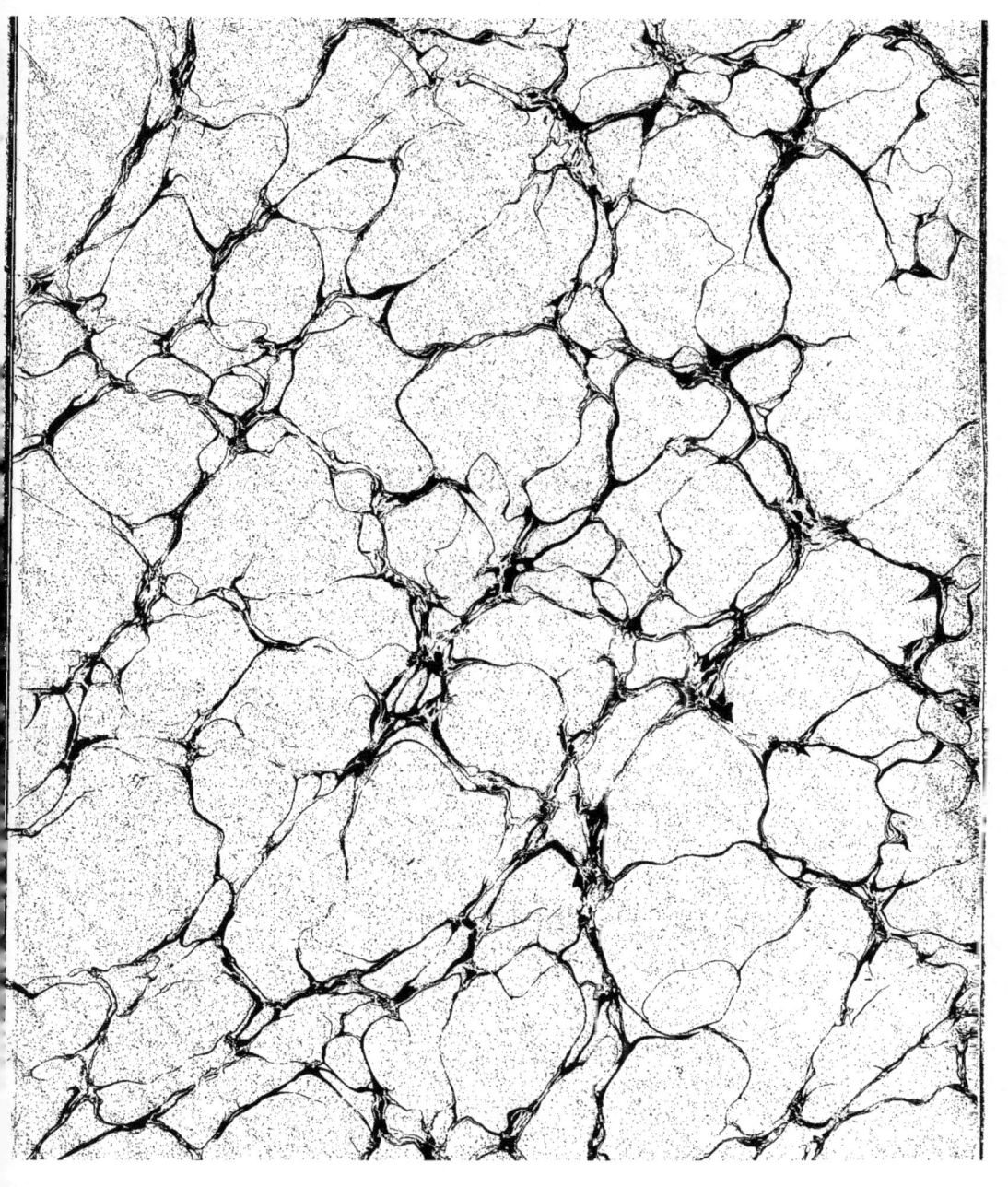

349

Au Pas de Charge

DU MÊME AUTEUR

La Guerre en Sabots (1792-1796). — Un volume orné de 75 reproductions en simili-gravure d'après les tableaux du Musée de Versailles

EN PRÉPARATION

A l'Assaut du Saint-Bernard (1800-1804). — Un volume orné de 75 reproductions en simili-gravure d'après les tableaux du Musée de Versailles

PAUL DE CLERMONT

AU
Pas de Charge

D'ARCOLE AUX PYRAMIDES
1796-1800

OUVRAGE ORNÉ DE 75 REPRODUCTIONS EN SIMILI-GRAVURE

D'APRÈS

LES PLUS CÉLÈBRES TABLEAUX DU MUSÉE DE VERSAILLES

PARIS
LIBRAIRIE PAUL PACLOT
4, RUE CASSETTE, 4

Droits de traduction et de reproduction réservés

PRÉFACE

« Au pas de charge! » *Nulle expression, ou plus pittoresque ou plus vraie, ne saurait mieux caractériser cette merveilleuse campagne d'Italie dont la rapidité et le succès tiennent du prodige.*

Bonaparte arrive à Nice le 27 mars 1796, le 9 avril il lance, « mal nourris, presque nus », ces valeureux soldats de la République, qui, sans ralentissement comme sans heurt, ne s'arrêteront que dans un an par l'armistice de Léoben (17 avril 1797).

Le clairon sonne, le tambour bat. C'est la charge! En avant! Montenotte! Millesimo! Dego! Mondovi!

Le 28 avril, le jeune général félicite ses troupes :

« *Soldats, vous avez en quinze jours remporté six victoires, pris 21 drapeaux, 50 pièces de canon, plusieurs places fortes et conquis la partie la plus riche du Piémont; vous avez fait 15.000 prisonniers, tué ou blessé plus de 10.000 hommes..... Dénués de tout, vous avez suppléé à tout. Vous avez gagné des batailles sans canons, passé des rivières sans ponts, fait des marches forcées sans souliers, bivouaqué sans eau-de-vie et souvent sans pain. Les phalanges républicaines, les soldats de la liberté, étaient seuls capables de souffrir ce que vous avez souffert : grâces vous en soient rendues, soldats!* »

En avant! encore. Lodi! Castiglione!

« *Sans trêve ni repos, ils marchent. L'ennemi est affolé. Comme ce vieux colonel autrichien, il se demande ce que sont ces hommes* « *qui vous* « *attaquent à droite, à gauche, par devant, par derrière!* »... *Les légions romaines faisaient, dit-on, vingt-quatre milles par jour ; les soldats français en font trente et se battent dans l'intervalle.* »

Tel est l'hommage que Bonaparte rendait de ses soldats au Directoire ; et à eux-mêmes il disait après Lodi :

« *Vous vous êtes précipités comme un torrent du haut de l'Apennin, vous avez culbuté, dispersé tout ce qui s'opposait à votre marche...; le Pô, le Tésin, l'Adda n'ont pu vous arrêter un seul jour ; ces boulevards tant vantés de l'Italie ont été insuffisants ; vous les avez franchis aussi rapidement que l'Apennin.* »

En avant! encore. Bassano!

« *En six jours, nous avons livré deux batailles et quatre combats ; nous avons pris à l'ennemi 21 drapeaux ; nous lui avons fait 16.000 prisonniers, parmi lesquels plusieurs généraux ; le reste a été tué, blessé et éparpillé. Nous avons dans ces six jours, nous battant toujours dans des gorges inexpugnables, fait quarante-cinq lieues, pris 70 pièces de canon avec leurs caissons, leurs attelages, une grande partie du parc de l'armée et des magasins considérables.* »

En avant! toujours! toujours en avant! Montebello! Arcole! Rivoli!

Ils s'arrêtent, enfin! Les Autrichiens ont fui, repassant la frontière d'Italie, poussés au pas de charge, la baïonnette aux reins, par ceux dont on dira toujours : « *Il était de l'armée d'Italie.* »

Et tandis que Bonaparte, Augereau, Joubert, Lannes, Rampon, Murat, brisaient ainsi les ennemis de la France sur les rocs abrupts des

Apennins et des Alpes, Moreau, Jourdan, Marceau, les noyaient dans le Rhin. Et bientôt, aussi, Masséna, Lecourbe, Molitor, forceront Souwarow de jeter ses canons et d'abandonner les cadavres de ses troupes dans les précipices glacés de la Suisse.

Arrêtez-vous ! « Non pas ! Il y a encore des peuples qui ne sont pas libres. Courons briser leurs fers ! »

En avant ! et conduites encore par Bonaparte, Berthier, Marmont, Desaix, Kléber, Lannes, Murat, Friant, ces troupes, jeunes d'âge, mais vieilles de combats et de gloire, affrontent le soleil et les déserts de l'Égypte comme elles ont affronté les ravins de l'Italie. Leur marche est aussi rapide sur les bords du Nil que sur les rives du Pô ; et les Pyramides, le Mont-Thabor, Aboukir, sonnent aussi brillamment que Lodi, Arcole, Rivoli.

Comme ils ont fait des Autrichiens, des Prussiens et des Russes, ainsi dispersent-ils les Mameluks et les Turcs : Au pas de charge.

Paul de Clermont.

Au Pas de Charge

DE NICE A CHERASCO

La Convention nationale venait de se dissoudre (26 octobre 1795); mais, auparavant, elle avait promulgué la Constitution dite de l'an III, qui partageait la puissance publique entre deux Conseils législatifs et un Directoire exécutif, composé de cinq membres : La Réveillère-Lépeaux, Rewbell, Sieyès, remplacé tout aussitôt par Carnot, Letourneur et Barras. Assaillie aux derniers jours de son existence par les sections insurgées de Paris, elle avait repoussé victorieusement leur attaque, et la journée du 5 vendémiaire (5 octobre) avait assuré le tranquille établissement de la nouvelle forme du Gouvernement républicain.

En même temps, cet épisode avait mis en évidence un homme à peine connu jusqu'alors par quelques services rendus au siège de Toulon et dans la guerre des Alpes : Bonaparte. Pour prix de l'assistance qu'il avait rendue à l'autorité expirante de la Convention nationale, il reçut du Directoire le commandement de l'armée d'Italie.

A cette époque, la guerre ne se continuait plus que sur deux théâtres d'opérations : le Rhin, dont nous possédions toute la rive gauche, de Bâle à la mer, sauf la place de Mayence, et où nous avions à lutter contre les Autrichiens; les Alpes, où se trouvaient devant nous les Autrichiens et les Piémontais. L'Angleterre se bornait à soutenir la guerre maritime et à fournir à la Coalition des subsides en argent.

Du côté des Alpes, nos forces étaient réparties en deux armées : Kellermann, à la tête de l'*armée des Alpes*, gardait tous les passages depuis le mont Blanc jusqu'au col de l'Argentière. Au sud de l'Argentière, l'*armée d'Italie*, sous Schérer, concentrait ses opérations autour du col de Tende.

Le Directoire, mécontent de l'inaction de Schérer, qui, après avoir battu les Autrichiens à Loano (25 novembre 1795), ne sut tirer aucun profit de sa victoire, le remplaça, avons-nous dit, par Bonaparte.

Un des premiers soins du jeune général, à son arrivée à l'armée, fut de chercher à gagner le cœur des soldats et à s'attirer la confiance et l'estime des généraux placés sous ses ordres. Avec les dehors modestes et simples qui convenaient à un général républicain, il entretint les soldats et les officiers de la gloire dont ils s'étaient couverts dans la précédente campagne; il vanta leurs vertus militaires, leur patience à supporter tous les genres de privations; il leur fit entrevoir, dans un avenir très prochain, la récompense de leur dévouement, de leurs nobles efforts; il s'annonça comme chargé spécialement de mettre un terme à leurs souffrances, et leur parla de l'espoir que la patrie mettait en leur courage déjà si péniblement éprouvé.

Il leur fit entendre un langage bref, énergique, auquel ils n'étaient pas encore accoutumés :

« Soldats, dit-il, vous êtes mal nourris et presque nus. Le Gouvernement vous doit beaucoup, mais ne peut rien pour vous. Votre patience, votre courage, vous honorent, mais ne vous procurent ni avantage ni gloire. Je vais vous conduire dans les plus fertiles plaines

du monde; vous y trouverez de grandes villes, de riches provinces;
vous y trouverez honneur, gloire et richesses. Soldats d'Italie, man-
queriez-vous de courage? »

L'armée accueillit cette parole avec plaisir : de jeunes généraux
qui avaient tous leur carrière militaire à faire, des soldats vaillants et

Général Schérer

patriotes, ne demandaient pas mieux que de voir les belles contrées
qu'on leur annonçait. Se mettre en marche était son plus vif désir.
Voyons quelle était alors sa situation.

Lorsque Bonaparte arriva à Nice, le 27 mars 1796, l'armée d'Italie
était établie le long des Alpes maritimes, depuis le col de Tende jus-

qu'à Savone. Elle comprenait à cette date 35.000 hommes avec 30 pièces de canon, répartis en 4 divisions d'infanterie (Laharpe, Masséna, Augereau, Serurier), et une réserve de cavalerie (Stengel) de 4.000 chevaux. Macquart et Garnier assuraient les communications en gardant les places à l'est du Var et tenant les passages des Alpes, depuis le col de Tende jusqu'à l'Argentière, où ils se reliaient avec l'armée de Kellermann. Les troupes étaient dans le dénûment le plus complet, manquant de vêtements et de vivres, une partie de la cavalerie démontée, les attelages de l'artillerie incomplets ; les soldats ne subsistaient forcément que par le pillage et la maraude.

Bonaparte s'empressa d'organiser le service des subsistances, en faisant passer des marchés et en établissant des magasins ; de prendre les mesures les plus sévères pour réprimer les pillages ; de hâter l'arrivée des renforts en hommes, en chevaux et en approvisionnements qu'il avait obtenus du Directoire. Grâce à l'activité qu'il déploya et qu'il sut imprimer à tous les services, il se trouva en mesure d'ouvrir la campagne dès les premiers jours d'avril.

L'armée ennemie comprenait 60.000 hommes avec 200 pièces de canon : 20.000 Piémontais sous Colli et 40.000 Autrichiens sous Beaulieu, qui avait le commandement en chef. Les Piémontais occupaient la droite, s'appuyant à la place de Ceva et tenant les vallées de la Stura et du Tanaro ; les Autrichiens formaient le centre et la gauche, s'appuyant à la place d'Acqui, couvrant la vallée de la Bormida bien avant, leur gauche se prolongeait dans la direction de Gênes.

Colli et Beaulieu ne s'entendaient point ; le premier voulait avant tout couvrir le Piémont et Turin ; le second, au contraire, désirait se maintenir en communication avec Gênes et les Anglais qui croisaient dans le golfe ; sa ligne de retraite était sur Milan et la Lombardie. Bonaparte connaissait ces dissensions ; elles allaient favoriser l'exécution du plan élaboré avec Carnot, qui consistait à séparer les Autrichiens des Piémontais et à les battre successivement. L'Apennin

Ville et Château de Nice.
(27 mars 1796).

devait être franchi dans la partie la moins élevée, vers Cadibone, précisément en face du point où la droite autrichienne se reliait à la gauche piémontaise.

Bonaparte, après avoir pourvu aux besoins de l'armée les plus indispensables, et pris connaissance de l'état de ses troupes et des positions de l'ennemi, réunit la principale masse de ses forces vers le mont San-Giacomo, depuis Altare jusqu'à Montenotte. Le général piémontais Colli proposa au général Beaulieu de rassembler le gros de l'armée alliée vers les sources de la Bormida, pour attaquer les hauteurs de San-Giacomo et d'Altare, afin de culbuter la gauche des Français et de couper les communications de leur droite. Mais le général Beaulieu, informé qu'une division de l'armée française, aux ordres du général Laharpe, s'avançait de Voltri sur Gênes, dans le dessein présumé d'occuper la ville, et que l'avant-garde de cette division était déjà parvenue à San-Pietro d'Arena, un des faubourgs de Gênes, Beaulieu rejeta l'avis de Colli, prit la résolution de porter sa gauche sur Gênes, pour communiquer avec l'escadre anglaise qui croisait devant le port, et empêcher les Français de se saisir d'un point aussi important.

Le 10 avril, jour fixé pour commencer les opérations, Beaulieu mit en mouvement son aile gauche, forte de onze bataillons divisés en deux colonnes. Ces troupes pouvaient former un total de 9 à 10.000 hommes.

Le général Cervoni, de la division Laharpe, fut attaqué dans les positions qu'il gardait à Voltri et dans les environs, avec 3.000 hommes. Il en fut débusqué par des forces trop supérieures aux siennes. Canonné vers sa droite par les chaloupes anglaises et tourné par sa gauche, ce général vint rejoindre Laharpe à la Madona di Savone. Deux bataillons, disposés par Bonaparte sur les hauteurs de Varaggio, protégèrent le mouvement de la brigade Cervoni. L'occupation de Voltri donnait à Beaulieu l'avantage de rétablir ses communications avec la mer, en coupant celle des Français avec Gênes. Mais ce succès, prévu par Bonaparte, n'eut pas pour le général ennemi le résultat qu'il en espérait.

C'était sur la gauche des Français, ou sur le centre par San-Giacomo, que l'armée alliée aurait dû être portée. Tandis que Beaulieu, à la tête de la gauche, se rapprochait ainsi des bords de la mer, Bonaparte, habile à profiter de cette faute, prit la résolution de diriger vers le centre de l'ennemi la masse de ses forces réunies, ainsi que nous l'avons dit, depuis Altare jusqu'à Montenotte. Beaulieu s'était rendu à Voltri, pour conférer avec l'amiral Nelson sur les opérations ultérieures; mais à peine était-il arrivé que le canon se fit entendre fortement sur le centre de l'armée alliée. Bonaparte avait senti la nécessité de frapper un coup décisif, dès l'ouverture de la campagne, et c'était là le motif qui lui avait fait réunir une masse considérable sur le centre de sa ligne. Beaulieu reconnut alors la faute qu'il avait commise en affaiblissant cette partie de l'armée coalisée. Déjà même le peu de forces qu'il avait rencontré à Voltri, en opposition à son attaque, lui avait fait connaître qu'un grand effort aurait lieu, de la part des Français, dans les montagnes, et que le mouvement présumé sur Gênes n'était pas aussi sérieux qu'il l'avait d'abord pensé. Il s'empressa donc de faire marcher des troupes sur le point d'attaque, et de s'y rendre lui-même; mais il était trop tard.

D'après les instructions du général Beaulieu, le général Argenteau, à la tête de 10 à 12.000 hommes, s'était mis en marche, le jour même où le général en chef autrichien entrait dans Voltri, pour attaquer les positions qu'occupait la gauche de la division Laharpe, sur les hauteurs de Montenotte et du Monte-Legino; une partie des troupes alliées resta en réserve dans la vallée, et couvrit Dego; le colonel Lezeni eut ordre de rester à Sassello, pour se lier avec l'aile gauche qui avait attaqué Voltri.

Argenteau commença son attaque le 11 avril à quatre heures du

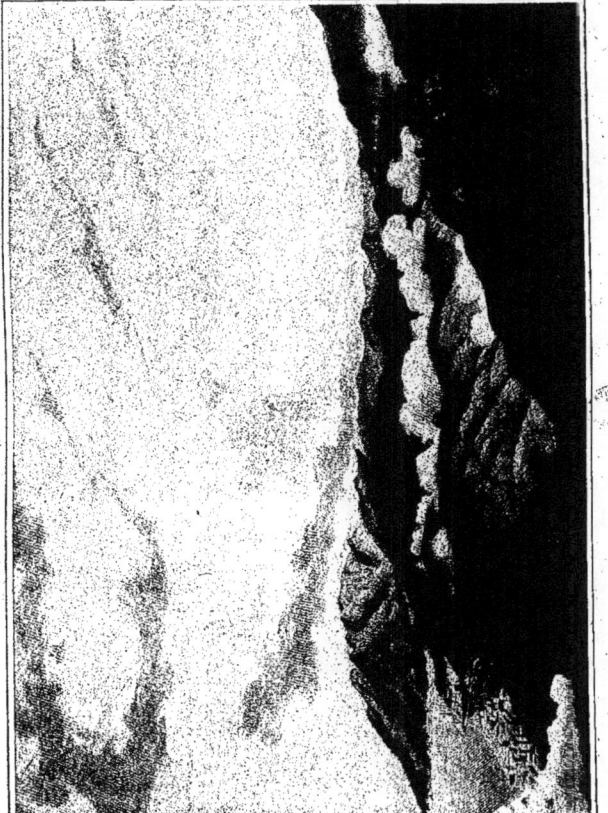

Bagetti.

Combat de Voltri.
(10 avril 1796).

matin, et il réussit à enlever assez rapidement les positions d'avant-garde de l'armée française. La brigade du général Rocavina parut, à une heure après midi, devant la redoute de Monte-Legino, que commandait le colonel Rampon, et qui était le dernier retranchement de cette ligne à emporter. Animés par leurs premiers avantages, les Autrichiens s'avancent avec confiance pour franchir cet obstacle opposé à leur marche victorieuse. Le colonel Rampon avait sous ses ordres environ 1.200 hommes. A l'aspect de ses nombreux ennemis, et par un de ces élans qui caractérisent une âme forte et créée pour les grandes actions, Rampon fait prêter à ses braves le serment de mourir dans la redoute, avant d'y laisser pénétrer les assaillants. Lorsque, après avoir renversé de longues files d'Autrichiens, ces guerriers, dignes de leur intrépide colonel, voient l'ennemi arriver jusqu'au pied du retranchement, ils s'exaltent alors d'un nouvel enthousiasme, et répètent unanimement, d'une voix éclatante et solennelle : *Mourons tous dans ce poste.*

Déjà le manque de munitions se fait sentir ; mais ces munitions ne sont pas un besoin indispensable pour eux : ils s'en aperçoivent avec la résignation du courage personnel. N'ont-ils pas encore les baïonnettes ? Ils se serrent en masse, et présentent un front menaçant. Le rempart de fer qu'ils opposent devient plus formidable que ces retranchements dont les boulets et les balles défendent l'approche. Vainement la brigade donne-t-elle successivement tout entière, avec l'avantage d'un feu de mousqueterie incessamment nourri, les rangs des Français se serrent de plus en plus, et le vide que causent les nombreuses files abattues disparaît à l'instant. Que de braves accomplissent leur serment ! Le général Argenteau a paru lui-même pour animer, encourager ses soldats ; mais les baïonnettes françaises, teintes du sang autrichien, ont repoussé la plus impétueuse agression. L'attaque se prolonge jusque dans la nuit avancée. Convaincu enfin de l'inutilité de ses efforts, effrayé du nombre des soldats qu'il a perdu, Argenteau donne ordre au général Rocavina de cesser une tentative désastreuse, et prend position en arrière de la redoute.

Tandis que le colonel Rampon et sa troupe se couvraient ainsi d'une gloire immortelle, pendant la nuit du 11 au 12, Bonaparte prenait des mesures efficaces pour rendre nulles les nouvelles entreprises de l'ennemi. La division Laharpe, quittant sa position de la Madona di Savone, vint se placer derrière la redoute de Monte-Legino. Celle d'Augereau reçut l'ordre de descendre dans la vallée de la Bormida et de se diriger sur Cairo par Monte-Freddo et Carcare. Masséna dut occuper les hauteurs d'Altare. Laharpe devait attaquer de front les troupes d'Argenteau au point du jour, tandis que Bonaparte, accompagné du général Berthier, son chef d'état-major, marchant avec le centre et une partie de la gauche par Altare et Carcare, chercherait à déborder Argenteau sur sa droite, afin d'accabler ainsi le centre isolé de l'armée alliée, avant que Beaulieu pût lui porter secours.

Le 12, une heure avant le lever du soleil, Laharpe, ayant à son avant-garde les généreux défenseurs de la redoute de Monte-Legino, attaqua le général Argenteau dans la position qu'il avait prise devant cette même redoute. Le but du général en chef, en ordonnant ce mouvement à Laharpe, était de donner le change au général autrichien et de le retenir dans sa position pendant la marche que faisaient le centre et une partie de la gauche de l'armée française, sur le flanc droit de la division alliée. En effet, Argenteau, croyant n'avoir affaire qu'à la seule division Laharpe, se défendit avec d'autant plus de vigueur qu'il avait à se venger de l'échec essuyé la veille devant la célèbre redoute. Les troupes sous ses ordres, animées du même esprit, se battirent avec une intrépidité égale à celle de leurs adversaires. Ce combat se soutenait donc sur ce point avec des chances égales, lorsque Masséna vint attaquer les Autrichiens dans le poste essentiel de Bric de Menau. Bonaparte appuyait ce mouvement avec le reste de la division. La marche de Masséna se fit avec tant de précision et son attaque fut si impétueuse que l'ennemi fut culbuté

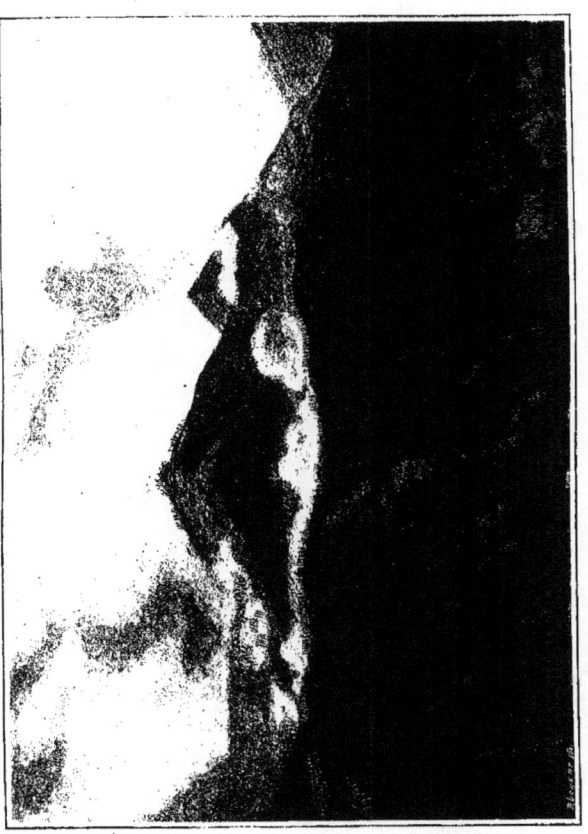

Le colonel Rampon, a la tête de la 32e demi-brigade, défend la redoute de Monte-Legino
(10 avril 1796).

à l'instant sur ce point et à Castellazzo. Traversant ensuite avec rapidité le vallon de Ferraria, Masséna se porta, par Montenotte *inferiore*, sur les flancs et sur les derrières du corps d'Argenteau. Tous les postes qui les couvraient furent enlevés au pas de charge; la ligne ennemie fut abordée. Pendant ce temps, la division du général Laharpe, formée en colonne, se jetait sur Monte-Prato, et celle du général Augereau, qui s'était abattue de Cairo, où elle s'était trouvée trop isolée, sur Carcare, marchait de ce dernier endroit sur Monte-Freddo.

Attaqué ainsi sur tant de points à la fois, il devenait impossible au général autrichien de résister à un mouvement aussi bien combiné; sa défaite était infaillible. Cependant, ses troupes, qui étaient d'élite, se défendirent avec un grand courage contre les assauts livrés sur leur front. Mais, quand Argenteau fut informé de la position critique où se trouvait le régiment de Terzy, qu'il avait placé du côté de Ferraria, par suite de la marche que faisait sur ce point le général Masséna, il se crut dans la nécessité d'opérer un changement de front, pour secourir ce régiment. Il tourna donc par sa droite en laissant seulement 2.000 hommes sous les ordres du colonel Nesslinger, sur les hauteurs, pour soutenir la division Laharpe, pendant qu'il dégagerait lui-même le régiment de Terzy. Toutefois, ce mouvement, exécuté avec toute la rapidité possible, devint inutile. Masséna avait écrasé le régiment autrichien au Bric de Menau et à Castellazzo : le ravin de Ferraria était dépassé par ce général, dont les troupes débouchaient déjà par Montenotte *inferiore*. Les deux généraux se trouvèrent en présence, la lutte ne fut pas longue en raison de l'inégalité des forces, et Masséna culbuta dès le premier choc les troupes d'Argenteau, parmi lesquelles le désordre s'introduisit d'abord. Ce dernier général et Rocavina voulurent en vain arrêter les fuyards : ils furent blessés l'un et l'autre, et cet événement acheva la déroute. Masséna les mena l'épée dans les reins jusqu'à Parreto et à Ologo. Le colonel Nesslinger, défait de son côté par Laharpe, ne put lui-même opérer sa retraite qu'avec la plus grande peine et une perte très considérable : 1.500 morts, 2.500 prisonniers, dont 60 officiers, furent les résultats de cette journée. Plusieurs drapeaux tombèrent au pouvoir des Français, et de tout le corps d'Argenteau il n'arriva à Ponte-Ivrea qu'environ 8 à 900 hommes, le surplus ayant été tué, pris ou dispersé. Le succès eût été encore bien plus complet si la cavalerie française eût pris part au combat. Mais Bonaparte avait été dans la nécessité de la laisser dans des cantonnements le long de la côte, tant à cause de la pénurie des fourrages que de la nature du terrain, qui permettait difficilement l'emploi de cette arme.

La victoire remportée par une partie de l'armée française à Montenotte rendait la position de cette dernière beaucoup plus favorable. Elle occupait tous les pendants des Alpes qui versent leurs eaux dans la Méditerranée; cependant, la crête de ces montagnes était toujours au pouvoir des alliés. Bonaparte avait, il est vrai, défait presque complètement le centre de leur armée, mais il eût perdu le fruit de cet avantage s'il avait laissé Beaulieu le maître de se lier, par sa droite, à la gauche de l'armée piémontaise commandée par Colli. Le succès du combat de Montenotte appelait donc de nouveaux triomphes, et maintenant la tâche de Bonaparte était d'isoler les deux parties de l'armée alliée et de tenir l'une en échec tandis qu'il battrait l'autre. Ce fut ce qu'il entreprit.

Il ne fallait point perdre de temps pour ôter au général autrichien le loisir de se reconnaître et de rétablir de l'ensemble dans ses dispositions. Aussi, dès le soir même de la journée de Montenotte, Laharpe reçut l'ordre de se porter sur Sassello, à l'effet d'y inquiéter les huit bataillons qui gardaient cette position, puis de se rabattre de suite sur la Bormida, afin de se rapprocher de Cairo. Le général en chef se dirigea, toujours avec le centre et la gauche, sur la route de Dego. Le quartier général fut établi à Carcare. Masséna, après avoir gravi les hauteurs qui dominent Cairo et Dego, prit position au-dessus du premier de ces villages. La chapelle Sainte-Marguerite

Bataille de Montenotte
(14 avril 1796).

fut occupée par la 1re demi-brigade légère, sous les ordres du général Joubert, et le général Ménard, avec les 18e et 75e, garda les hauteurs de Biestra au-dessus de Cossaria. Le général Augereau bivouaqua en avant de Carcare, avec les 69e et 39e demi-brigades. Le général Serurier se trouvait toujours à Garessio. La cavalerie attendait dans ses cantonnements, sur la côte, le moment où l'armée déboucherait des sommets de l'Apennin, sur le versant du Piémont, pour prendre part aux succès et les rendre encore plus décisifs. On voit que le mouvement de l'armée française, après l'affaire de Montenotte, plaçait l'armée sur les pendants des Apennins qui versent leurs eaux dans le fleuve du Pô. Ainsi, le passage si difficile des Alpes et les versants de la Méditerranée se trouvaient franchis.

Cependant, la victoire de Montenotte, en exaltant le courage des soldats français, n'avait point amélioré leur situation physique. Les mêmes besoins se faisaient sentir dans toute l'armée d'une manière effrayante; elle manquait également de vivres et d'habillements. La misère la plus décourageante était le partage universel des compagnons de Bonaparte; et, quel que fût l'ascendant que déjà ce général avait su prendre rapidement sur ses troupes, il ne put cependant les empêcher de lui adresser des plaintes, et de faire entendre des murmures. Au cours d'une grande revue que Bonaparte passa dans les nouvelles positions occupées par l'armée, les soldats, devenus plus audacieux par le besoin, demandèrent impérieusement du pain et des habits, menaçant de cesser de servir s'ils continuaient à en manquer. Dans l'impossibilité où il se trouvait de pouvoir satisfaire à ces justes réclamations, Bonaparte se contenta de leur montrer, du haut des montagnes qu'ils occupaient, les plaines du Piémont et du Milanais : « Soldats! voici les champs de la fertile Italie : l'abondance est devant vous, sachez la conquérir, sachez vaincre, et la victoire vous fournira demain tout ce qui vous manque aujourd'hui. » Ces paroles enflamment d'une nouvelle ardeur tous les soldats républicains, ils ont oublié leur misère et leurs fatigues, tous ont résolu de vaincre, en effet, pour retrouver l'abondance.

Mais, tandis que Bonaparte s'était hâté de mettre à profit ses avantages, et jetait dans le cœur de ses guerriers un nouveau motif de vaillance, Beaulieu prenait précipitamment les dispositions que l'urgence des dangers qu'il courait lui faisait juger nécessaires. A peine avait-il été instruit des revers éprouvés par le général Argenteau qu'il s'était rendu au quartier général d'Acqui, où il était arrivé le 12 avril. Convaincu plus que jamais du tort qu'il avait eu de porter sa gauche sur la rivière de Gênes, il la fit replier sur l'Orba. En même temps, il donna ordre au général Wukassowich de marcher par le revers de Monte-Faiale avec trois bataillons, pour se réunir aux huit déjà postés vers Sassello, et qu'il savait être tenus en échec par Laharpe. Ces douze bataillons, une fois réunis, devaient, conjointement avec lui, se diriger sur Dego. Beaulieu espérait, par ce moyen, rétablir d'une manière solide ses communications avec la droite de l'armée combinée. En effet, le corps du général Provera, quoique étrangement compromis par le voisinage des Français, se trouvait toujours auprès de Cossaria. Ce corps, qui n'avait point été entamé dans la journée du 11, servait encore à lier les débris du général Argenteau avec l'armée du général Colli, qui, au premier bruit de l'attaque des Français, avait assez habilement fait avancer quelques bataillons sur Monte-Zemolo et Cencio, et avait porté une division sur la gauche vers Paroldo; mais toutes ces mesures précipitées devaient encore être rendues superflues par la brusque attaque que méditait de son côté le général Bonaparte.

Le 13 avril, à la pointe du jour, la division du général Augereau força les gorges de Millesimo, tandis que les brigades des généraux Joubert et Ménard, après avoir chassé l'ennemi de toutes les positions environnantes, enveloppaient, par une manœuvre habile, un corps de quinze cents grenadiers autrichiens, commandés par le général Provera en personne. Dignes émules de leurs vainqueurs, ces

Taunay.

Prise du Château de Cossaria
(14 avril 1796).

braves soldats veulent imiter l'héroïsme des défenseurs de la redoute de Montenotte. Loin de se rendre à la sommation que les généraux Joubert et Ménard lui font, Provera, à la tête de ses grenadiers, se jette sur les Français, s'ouvre à travers leurs rangs un passage à la baïonnette, se retire en bon ordre sur le sommet de la montagne de Cossaria, et se retranche dans les ruines d'un vieux château, dont la position escarpée était presque inabordable.

Augereau fit avancer son artillerie, afin de battre cet antique castel et de forcer l'ennemi à ne pas résister davantage. L'on se canonna sans résultat pendant plusieurs heures ; enfin Bonaparte, exaspéré de voir sa marche arrêtée par une poignée d'hommes, fit sommer le général Provera de se rendre ; ce dernier lui fit alors demander une entrevue par un parlementaire ; mais, une canonnade s'étant fait entendre à la droite de l'armée, du côté de Cencio, elle obligea le général en chef à s'y transporter. La négociation entamée par le général autrichien continua avec le général Augereau, lorsque celui-ci, qui voyait que la nuit s'avançait, et que Provera, en parlementant, ne cherchait qu'à gagner du temps, rompit tout à coup l'entrevue, et se prépara à tenter une seconde attaque contre le château de Cossaria.

Augereau divisa ses troupes en quatre colonnes, et les fit marcher contre les Autrichiens. Le général Joubert, qui conduisait la première, escalada avec sept hommes les ruines de Cossaria. Resté seul de ses compagnons, il descendit, reçut à la tête un coup de feu, et tomba au pied des retranchements ennemis. Le faux bruit de sa mort se répandit parmi ses soldats, et ils rétrogradèrent.

Les trois autres colonnes ne furent pas plus heureuses : la seconde marchait en silence vers le point où elle devait attaquer ; elle avait même atteint le pied des retranchements, lorsque le général Banel, qui la commandait, est tué par la décharge d'un obusier. Le même triste sort était réservé à l'adjudant général Quénin, qui conduisait la troisième colonne. Déjà il gravissait avec les siens la colline de Cossaria, quand, atteint d'une balle, il tomba mort. Ces trois funestes évènements ébranlèrent le moral du soldat. La nuit approchait, et Augereau, n'espérant plus réussir dans son attaque, donna ordre de cesser le combat; mais, craignant en même temps que Provera ne profitât de cette circonstance pour se faire jour l'épée à la main, il fit réunir ses bataillons, et leur fit établir autour du château de Cossaria des épaulements en tonneaux et des batteries d'obusiers à demi-portée de son adversaire. La division entière bivouaqua ainsi sur le terrain et passa la nuit du 13 au 14 sur le *qui-vive*.

Cependant, Beaulieu, de plus en plus inquiet sur sa situation hasardée, s'occupait avec activité du soin de la rendre meilleure. Les dispositions nouvelles qu'il avait ordonnées à son quartier général d'Acqui, où il était toujours, n'avaient pas absolument atteint le but qu'il se proposait, et une bonne partie de sa gauche se trouvait encore disséminée jusque sur l'Orba. Pour diminuer autant qu'il était possible les dangers que lui faisait courir l'active prévoyance de son jeune rival, Beaulieu avait envoyé des renforts considérables au général Argenteau à Dego, et lui avait prescrit de se maintenir jusqu'à la dernière extrémité dans cette position importante ; mais les forces autrichiennes, éparpillées confusément sur une ligne trop étendue, étaient toujours dans l'impossibilité d'opposer à la masse des Français une résistance suffisante. Elles occupaient les positions suivantes : quatre bataillons étaient à Dego, quatre à Sassello, deux à Mioglio, trois à Paretto, Malvicino et Acqui, trois de Wukassowich en marche par la Monte-Faiale sur Sassello; enfin trois bataillons de la gauche s'approchèrent vers Monte-Alto, afin de soutenir le général Argenteau à Dego. Ces trois bataillons avaient ordre de rester en réserve à une forte marche du village qu'ils devaient secourir. Les avant-postes du général Colli étaient toujours sur le Monte-Zemolo, et son corps de bataille, formé en deux divisions, n'avait point quitté ses retranchements sous Ceva et à Paroldo.

Serurier

Toutes ces forces sardes n'avaient à ce moment devant elles que la seule division française du général Serurier.

Les mouvements opérés par l'armée d'Italie ayant donné au général Argenteau la crainte de se voir vigoureusement attaqué dans sa position de Dego, les trois bataillons cantonnés à Monte-Alto et un autre bataillon détaché de Paretto reçurent de lui l'ordre de venir le joindre pour le renforcer; et le général Wukassowich fut chargé de s'avancer avec cinq autres bataillons de Sassello, par Ponte-Ivrea, sur le flanc droit des Français.

Le 14 avril, à la pointe du jour, les troupes sardes qui gardaient la vallée de la Bormida et les hauteurs de Cencio s'avancèrent pour tenter de dégager le général Provera. Plusieurs régiments ennemis, dont faisait partie celui de Belgiojoso, se portèrent de même sur le centre de Bonaparte. Mais cette attaque fut vigoureusement repoussée par les 18e et 75e demi-brigades formant la brigade du général Ménard. Celui-ci reçut alors de Bonaparte l'ordre précis de se replier sur la droite de l'armée afin de renforcer l'attaque que la division du général Laharpe devait exécuter sur les troupes que le général Argenteau avait rassemblées à Dego.

Tandis que le général Bonaparte prenait ces dispositions pour l'attaque de gauche de l'ennemi, le général Provera, vivement pressé par Augereau, ayant épuisé toutes ses munitions et manquant de vivres, se vit enfin forcé de se soumettre à la nécessité et se rendit prisonnier avec les 1.500 hommes qu'il commandait à Cossaria. Il était une heure après midi, et déjà Masséna, chargé d'appuyer les opérations de Laharpe, s'avançait avec rapidité pour déborder la gauche de l'armée ennemie dans le village de Dego. Les troupes légères de Bonaparte poussaient dans le même moment des reconnaissances jusqu'au chemin de Dego à Spigno. La division Laharpe, qui déjà était parvenue au village de Cagna, après avoir traversé la vallée de la Bormida, reçut l'ordre de se mettre en marche sur trois colonnes serrées en masse : celle de gauche, commandée par le général Causse, passa la Bormida sous un feu meurtrier, ayant de l'eau jusqu'au milieu du corps, et attaqua l'aile gauche de l'ennemi par la droite, dans le dessein de la séparer du reste de sa ligne ; le général Cervoni, à la tête de la seconde colonne, traversa aussi la Bormida sous la protection d'une batterie française et attaqua de front la même aile gauche de l'ennemi ; enfin, la troisième colonne, commandée par l'adjudant général Boyer, tourna le ravin qui couvrait la ligne ennemie et dut manœuvrer pour lui couper sa retraite.

Tous ces mouvements, secondés par l'intrépidité des troupes et les talents des différents généraux, remplirent le but qu'en attendait Bonaparte. Les Autrichiens opposèrent néanmoins une vigoureuse résistance aux efforts combinés des Français. Les bataillons que le général Argenteau commandait en personne à Dego, et qui attendaient les renforts appelés par ce général, tinrent ferme dans leur position et ne furent culbutés qu'à l'instant même où les secours paraissaient sur les hauteurs en arrière de la ville. Ce fut en vain que le général Argenteau, après avoir réuni ses fuyards aux troupes fraîches qui lui arrivaient, voulut s'efforcer de rétablir le combat. Dans ce moment même accourait sur son flanc gauche la division du général Masséna. Le corps d'Argenteau, attaqué ainsi de front et de flanc, fut mis dans une déroute complète. Cinq bataillons mirent bas les armes : vingt pièces de canon furent enlevées. La division Laharpe s'attacha à la poursuite des vaincus, et ce général, se portant lui-même à la tête de quelques escadrons, les sabra pendant plus de trois lieues sur la route de Spigno. Cette ardeur extrême qui l'emportait ainsi loin du gros de l'armée fut la cause d'un revers momentané dont nous allons parler plus bas. Les débris des troupes d'Argenteau se dispersèrent jusqu'à Monte-Alto et Acqui.

Tandis que deux divisions françaises culbutaient de cette manière la gauche de l'armée ennemie, Augereau avait de son côté remporté de précieux avantages. Bonaparte, qui ne négligeait aucun moyen de rendre une victoire décisive, n'avait pas plutôt appris que la division

Prise des hauteurs de Monti-Zanolo
(15 avril 1906).

de ce général devenait disponible par la capitulation de Provera, qu'il lui avait envoyé l'ordre d'appuyer à gauche, et de s'emparer des hauteurs importantes de Monte-Zemolo, afin de déterminer d'autant mieux l'isolement total de l'armée piémontaise, qui se repliait sur le Tanaro et dans son camp retranché de Ceva, d'avec les restes de celle de Beaulieu, qui se retirait par Acqui et la vallée de l'Orba.

Augereau exécuta avec la plus grande ponctualité le mouvement qui lui était prescrit, dans la journée du 15; mais, au moment où la nouvelle en parvenait au général en chef, ce dernier fut également informé d'un événement fâcheux qui venait de se passer à la droite de l'armée. Nous avons dit que, le 14, le général Wukassowich avait eu ordre de se mettre en route avec les cinq bataillons qu'il commandait, et de se réunir aux quatre qui défendaient Sassello, afin de venir ensuite se lier à la gauche du général Argenteau par Ponte-Ivrea. Wukassowich s'était, en effet, mis en marche le 16 au matin. Mais, arrêté par les difficultés qu'offrait sur la route la nature du terrain, il lui fut impossible d'exécuter assez tôt son mouvement, et, quand il parut à la vue de Dego, ses tirailleurs lui apprirent que ce village, évacué par les Autrichiens, venait d'être occupé par les Français. Retourner sur ses pas sans avoir combattu parut à Wukassowich un parti peu honorable, et, sur-le-champ, il prit celui d'attaquer la division de Laharpe qui, s'étant avancé à la poursuite d'Argenteau, sur la route de Spigno, était loin de s'attendre à se voir assailli du côté de Sassello. Cette division, qui avait bivouaqué sur le terrain où elle s'était arrêtée, se livrait avec sécurité au repos que ses fatigues de la veille lui rendaient si nécessaire, lorsque les bataillons de Wukassowich se jetèrent avec impétuosité et à l'improviste sur ses postes avancés, les culbutèrent et répandirent la terreur dans le gros même de la division. Ce sentiment devient si général que les soldats de Laharpe ont oublié en un moment qu'ils sont vainqueurs, et ne pensent plus qu'à fuir pour éviter un danger que la peur leur rend encore plus redoutable. Wukassowich profite habilement de ce découragement subit des Français; il vole à leur poursuite, et telle est la rapidité de son mouvement qu'il parvient à Dego et s'en empare avant même que les troupes surprises aient songé à défendre la ville. Mais Bonaparte, instruit promptement de cet événement, fait battre la générale. Le camp tout entier est bientôt sur pied, et le général Masséna, que sa position rapprochait davantage de Dego, marche de suite sur ce village pour en chasser l'ennemi. Les troupes de Wukassowich, animées par leur succès, opposèrent une forte résistance à l'attaque des Français. Masséna, qui faisait engager ses régiments à mesure qu'ils arrivaient, est repoussé trois fois. Le général Causse, venant de rallier la 99ᵉ demi-brigade, chargeait les ennemis et était près de les atteindre à la baïonnette lorsqu'il tomba blessé à mort. Quelques instants après, apercevant le général Bonaparte qui s'efforçait lui-même de rétablir le combat par sa présence, Causse le fait appeler et lui demande : « Dego est-il repris ? — Les positions sont à nous, reprend le général. — Dans ce cas, ajoute le brave Causse : *Vive la République!* je meurs content. »

L'affaire cependant n'était point encore décidée. Mais Bonaparte, habile à saisir le moment pour en tirer parti, avait cherché, par sa réponse affirmative, à inspirer la confiance du succès aux troupes qui l'écoutaient. Il était une heure après midi, et, menant lui-même au combat la 99ᵉ demi-brigade, il fait former en colonne la 89ᵉ, commandée par le général Victor, tandis que, par ses ordres, l'adjudant général Lanusse, ayant réussi à rallier la 8ᵉ légère, se précipite à sa tête sur la gauche de l'ennemi. Un instant la troupe Lanusse chancelle; mais, témoins du succès de l'attaque dirigée par le général en chef et excitée par l'intrépidité de son commandant, elle fond sur l'ennemi, le culbute et entre dans Dego en même temps que Bonaparte. Le corps du général Wukassowich, mis en déroute par ce mouvement vigoureux et combiné, tourna sur Acqui. L'adjudant général Vignolles, chargé par le général en chef de poursuivre les fuyards avec un

Le général Bonaparte reçoit à Millesimo les drapeaux enlevés à l'ennemi
(15 avril 1796).

escadron du 25ᵉ régiment de chasseurs à cheval, atteignit la colonne ennemie, et parvint jusqu'à sa tête en sabrant de droite et de gauche. Là, il délivra un grand nombre de prisonniers que cette colonne emmenait, notamment le chef de brigade Vauquet, de la 32ᵉ demi-brigade de ligne. L'adjudant général Vignolles ramena au quartier général de Cairo 1.800 prisonniers qui, réunis à ceux déjà faits dans les heures précédentes de la même journée, portèrent leur nombre à 5.000. On reprit aussi dans cette affaire 13 pièces de canon qui étaient tombées au commencement de l'action au pouvoir des Autrichiens. On ramassa, sur le champ de bataille et dans les montagnes environnantes qui se lient à la position de Dego, une énorme quantité de fusils. Ce même jour, signalé par la prise et reprise de Dego, et par l'occupation de Monte-Zemolo par le général Augereau, le général Rusca, après un combat valeureusement soutenu, où il avait fait 100 prisonniers et pris 2 canons, s'était emparé des hauteurs de San-Giovanni, situées au-dessus de Murialto, et qui dominent les vallées du Tanaro et de la Bormida. Ces deux derniers avantages établissaient une communication intermédiaire avec la réserve aux ordres du général Serurier, laquelle avait elle-même commencé à prendre part aux opérations en occupant sur la gauche du Tanaro, et presque sous Ceva, les postes de Batifolo, Bagnasco et Nocetto, et se trouvait par là en mesure de se lier à la gauche d'Augereau.

Les combats de Dego, de Monte-Zemolo et de San-Giovanni avaient occasionné aux vainqueurs une perte très faible en comparaison de celle des vaincus. Cependant, les Français eurent à regretter le général Causse, dont nous avons déjà parlé, et les chefs de brigade Dupuis et Rondeau; ce dernier avait été nommé *le brave* par ses camarades.

Les résultats matériels des deux journées de Millesimo et de Dego furent la prise de 22 pièces de canon, 15 drapeaux, 2.500 hommes tués, 8 à 9.000 prisonniers, parmi lesquels 1 lieutenant général, environ 30 colonels ou lieutenants-colonels, des officiers d'artillerie et du génie, etc.

La reprise de Dego donnait à Bonaparte l'assurance de ne plus avoir de craintes pour sa droite de la part du général Beaulieu, qui, maintenant, se retirait sur Tortone, laissant aux Français la libre possession du territoire de Gênes, et l'avantage bien plus précieux encore de le forcer à s'éloigner plus que jamais de l'armée piémontaise. Ce mouvement rétrograde du général Beaulieu, dont l'objet était, suivant ses propres assertions, de faciliter la jonction des troupes pontificales et napolitaines, avait donc l'inconvénient de laisser dans la position la plus critique les troupes du général Colli, dont le camp retranché sous Ceva se trouvait comme borné par le Tanaro qui n'était pas encore guéable et dont tous les ponts avaient été coupés. L'éloignement précipité de Beaulieu exposait conséquemment le général Colli à se voir bientôt sur les bras l'armée entière d'Italie. En effet, depuis le combat de Dego, Bonaparte parut avoir tout oublié, pour ne plus s'occuper que de l'armée piémontaise. Le soir même de cette journée, il poussa jusque sous Ceva une forte reconnaissance, dont le résultat fut d'enlever à l'ennemi quelques positions qui rendaient moins dangereuse l'attaque projetée du camp piémontais.

Le 16 avril, la division du général Augereau, qui avait reçu l'ordre de se mettre en marche, quitta précipitamment les hauteurs de Monte-Zemolo, et attaqua les redoutes qui protégeaient le camp retranché de Ceva. Elles étaient défendues par 8.000 Piémontais. Les colonnes françaises, commandées par les généraux Bayrand et Joubert, éprouvèrent une vigoureuse résistance qui fut prolongée pendant toute la journée, malgré la vigueur des attaques successives. Cependant, à la chute du jour, la plupart des redoutes avaient été évacuées, et les troupes françaises s'y étaient postées. Colli sentit qu'il courait risque d'être tourné par Castellino, et, pour éviter ce danger, il donna l'ordre d'évacuer pendant la nuit le camp retranché de Ceva.

Prise de Dego.
(16 avril 1796).

Bagetti.

Pendant cette même journée, les généraux Serurier et Rusca s'étaient avancés pour seconder l'attaque du général Augereau et se trouver, après le succès, à même d'opérer leur jonction avec sa division. En même temps, le général Masséna, qui s'était porté sur les hauteurs de Barcaro, avait poussé ses colonnes jusque sur les bords du Tanaro, afin de le passer entre Ceva et Castellino. C'est cette dernière manœuvre, exécutée avec un grand bonheur, qui avait fait craindre au général Colli de se voir tourné, et l'avait engagé à quitter ses retranchements de Ceva. Sa retraite, opérée avec beaucoup d'ordre, avait eu lieu sur Mondovi, et son corps d'armée prit, pour couvrir cette place importante, une très bonne position au confluent de la Corsaglia et du Tanaro, sa droite appuyant à la Madona de Vico, son centre à la bicoque de Saint-Michel, et sa gauche s'étendant jusque vers Lezegno.

Le lendemain 17, les divisions Serurier et Augereau opérèrent leur jonction devant la place de Ceva, et Serurier entra dans la ville, dont la forteresse était toujours occupée par 7 ou 800 Piémontais. Il eût été intéressant de pouvoir s'emparer de cette citadelle; mais l'artillerie de siège n'avait pu suivre la marche rapide des Français dans les montagnes, et Serurier, faute de canons, fut obligé de supporter auprès de lui cette garnison ennemie.

Le 18, Bonaparte, qui s'était trouvé la veille à Salicetto, transporta son quartier général à Ceva, afin de présider lui-même à l'attaque générale qu'il méditait contre Colli. Le 19, la division Serurier attaqua la droite de l'ennemi et la partie de son centre qui était postée à Saint-Michel. Après trois heures d'un combat opiniâtre, Serurier s'empara du village, renversa les Piémontais chargés de défendre le pont sur la Corsaglia, et traversa lui-même cette rivière avec un fort détachement de ses troupes; mais, le Tanaro n'étant point guéable, les divisions Augereau et Masséna, qui devaient attaquer les Piémontais en même temps que Serurier, ne purent exécuter leur mouvement et furent obligées de laisser la rivière entre elles et leur ennemi. Colli profita habilement de cet incident, et conduisit lui-même des renforts à sa droite toujours aux prises avec Serurier. Celui-ci, étonné de se voir attaqué par des troupes fraiches, quand il croyait devoir être secondé par Masséna et Augereau, vit bientôt le désordre s'introduire parmi ses soldats, et, pour éviter un plus grand mal, il prit le parti de se retirer. Ses colonnes, poussées avec vigueur jusque sur la Corsaglia, ne surent point opposer une résistance, et ce fut avec la plus grande peine, et non sans éprouver une perte considérable, que ce général parvint à repasser la rivière. Cet échec faisait perdre à ses troupes tout le terrain qu'elles venaient de gagner : elles se retirèrent jusque dans Ceva, et, de cette manière, les deux partis se trouvèrent dans les mêmes positions que la veille.

Par les manœuvres qu'il avait commandées dans la journée du 19, Bonaparte avait eu le dessein de percer jusqu'à Mondovi, et de forcer le général piémontais à un changement de front qui pût le priver de tout l'avantage de sa position ; mais, le succès n'ayant point répondu à son attente, Bonaparte passa la journée du 20 à prendre les mesures qui pouvaient donner à une seconde attaque une issue plus favorable. Dans la nuit du 21 au 22, Masséna vint passer le Tanaro sur le pont de Ceva, et prit possession du village de Lesegno. Les brigades des généraux Guyeux et Fiorella, de la division du général Serurier, s'emparèrent du pont della Torre ; en même temps, le général Augereau descendit la vallée du Tanaro, et marcha sur Alba, afin de menacer les communications de l'ennemi, enlever ses dépôts et jeter l'épouvante jusque dans Turin.

L'intention de Bonaparte, en ordonnant ces dispositions, était, comme la veille, d'obliger Colli à changer de champ de bataille ; mais celui-ci, craignant l'issue d'un combat qui eût été décisif sur une ligne aussi étendue, préféra renoncer à tous les avantages de sa position et se mit, dès deux heures après minuit, en pleine retraite, évacua toute son artillerie et se replia sur Mondovi. Bonaparte, qui s'était promptement aperçu de cette marche rétrograde, envoya

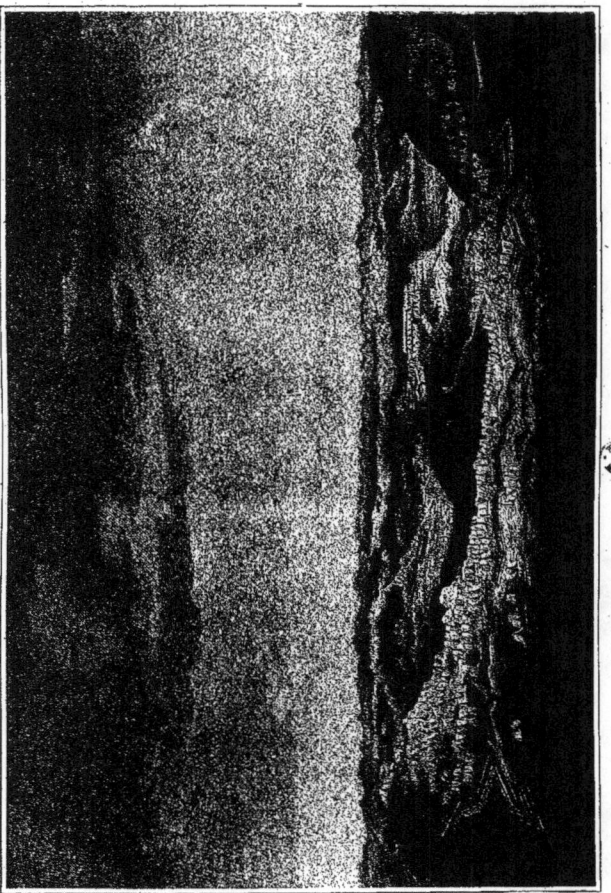

Prise de la ville de Ceva
Évacuation du camp retranché par les Piémontais (16 avril 1796).

aussitôt la division Serurier à la poursuite de l'armée piémontaise. Serurier mit tant de rapidité dans l'exécution de cet ordre que le 22 avril, à la pointe du jour, il atteignit l'arrière-garde de l'ennemi sur les hauteurs en avant de Vico.

La brigade du général Guyeux se dirigea sur la gauche de l'armée de Colli, tandis que Serurier, avec les brigades des généraux Fiorella et Dommartin, attaquait les redoutes qui couvraient son centre. Ces mouvements se firent avec tant de précision et de valeur qu'après avoir vu ses positions emportées à la baïonnette, Colli abandonna le champ de bataille, traversa rapidement Mondovi, évacua cette place, et se rabattit sur la Stura et Fossano, en ayant soin de mettre ses bagages et son artillerie derrière les rivières de l'Ellero et de Pesio. La cavalerie française se lança à sa poursuite avec beaucoup d'ardeur, et le général Stengel, qui la commandait, fut tué dans une charge. Murat, aide de camp de Bonaparte, se distingua particulièrement dans cette poursuite à la tête du 20ᵉ régiment de cavalerie, et mérita une citation particulière dans le rapport du général en chef.

L'ennemi, suivant la relation officielle, perdit dans cette journée 21 drapeaux, dont 4 des gardes du corps du roi de Sardaigne, 1.800 hommes, dont 1.300 prisonniers; 1 général piémontais fut tué, et 3 furent faits prisonniers, savoir : le lieutenant général comte de Leire, le comte de Flayes, colonel des gardes du roi de Sardaigne, M. Matter, colonel propriétaire du régiment de son nom, et 4 autres colonels ; 8 pièces de canon et 15 caissons. Le général Despinois fut cité avec éloge dans le rapport du général en chef, ainsi que Berthier, chef de l'état-major « chez qui, dit Bonaparte, les talents égalent l'activité, le patriotisme et le courage ».

Pendant que, pour dernier fruit de cette victoire, les Français prenaient possession de la place et forteresse de Mondovi, évacuée par les Austro-Sardes, le général Colli se hâtait de passer la Stura, pour ne s'arrêter qu'entre Coni et Cherasco.

Les Français n'étaient plus qu'à dix lieues de Turin.

Le 23 avril, le lendemain de la bataille de Mondovi, le général Colli proposa une suspension d'hostilités. Il faisait espérer la paix ; mais Bonaparte, fidèle à son plan, savait que, pour en assurer l'exécution et en obtenir tous les résultats possibles, il ne devait pas laisser aux alliés le temps de se reconnaître, et qu'à aucun prix il ne devait ralentir la rapidité de ses opérations. Il répondit qu'il voulait bien consentir à suspendre sa marche à condition que : on lui livrerait les trois places de Coni, Tortone et Alexandrie avec tous les magasins qu'elles renfermaient, lesquels serviraient à l'armée, sauf à compter ensuite avec la République ; les routes du Piémont seraient ouvertes aux Français (ce qui abrégeait considérablement le chemin de la France aux bords du Pô) ; un service d'étapes serait préparé sur ces routes pour les troupes qui les traverseraient ; enfin, l'armée sarde serait dispersée dans les places, de manière que l'armée française n'eût rien à craindre.

Entre temps, l'armée continuait sa marche.

Le 24, la cavalerie du général Beaumont, suivie de la division Masséna, occupa la ville de Bene.

Le 25, Serurier marcha sur Fossano, où se trouvait le général Colli. Les deux corps, séparés par la Stura, se canonnèrent pendant quelques heures. La division Masséna se dirigea sur Cherasco, ville revêtue d'une forte enceinte palissadée et garnie de 28 pièces de canons, que l'ennemi abandonna pendant la nuit. Colli s'étant retiré sur Carignan, la division Serurier passa la Stura et entra à Fossano ; celle du général Augereau s'empara d'Alba.

Le 26, Bonaparte se porta au-devant de cette ville. Enfin, le 27, Colli fit connaître que la cour de Turin avait accédé aux conditions proposées : le lendemain 28, l'armistice fut signé à Cherasco. Il fut convenu que des plénipotentiaires partiraient sur-le-champ pour Paris, afin de traiter de la paix définitive. Les trois places demandées furent livrées avec des magasins immenses.

Prise des hauteurs de Saint-Michel
(20 avril 1796).

Bonaparte envoya son aide de camp Murat pour présenter solennellement au Directoire 21 drapeaux pris sur l'ennemi. Ensuite il adressa à ses troupes la proclamation suivante :

« Soldats, vous avez en quinze jours remporté six victoires, pris 21 drapeaux, 50 pièces de canon, plusieurs places fortes et conquis la partie la plus riche du Piémont; vous avez fait 15.000 prisonniers, tué ou blessé plus de 10.000 hommes.

« Vous vous étiez jusqu'ici battus pour des rochers stériles, illustrés par votre courage, mais inutiles à la patrie; vous égalez aujourd'hui, par vos services, l'armée de Hollande et du Rhin. Dénués de tout, vous avez suppléé à tout. Vous avez gagné des batailles sans canons, passé des rivières sans ponts, fait des marches forcées sans souliers, bivouaqué sans eau-de-vie et souvent sans pain. Les phalanges républicaines, les soldats de la liberté, étaient seuls capables de souffrir ce que vous avez souffert : grâces vous en soient rendues, soldats ! La patrie reconnaissante vous devra sa prospérité; et si, vainqueurs de Toulon, vous présageâtes l'immortelle campagne de 1793, vos victoires actuelles en présagent une plus belle encore.

« Les deux armées qui, naguère, vous attaquaient avec audace, fuient épouvantées devant vous; les hommes pervers qui riaient de votre misère et se réjouissaient, dans leur pensée, des triomphes de vos ennemis, sont confondus et tremblants. Mais, soldats, vous n'avez rien fait, puisqu'il vous reste à faire. Ni Turin, ni Milan ne sont à vous; les cendres des vainqueurs de Tarquin sont encore foulées par les assassins de Basseville ! On dit qu'il en est parmi vous dont le courage mollit, qui préféreraient retourner sur les sommets de l'Apennin et des Alpes? Non, je ne puis le croire. Les vainqueurs de Montenotte, de Millesimo, de Dego, de Mondovi, brûlent de porter au loin la gloire du peuple français.

« Amis, je vous la promets, cette conquête; mais il est une condition qu'il faut que vous juriez de remplir : c'est de respecter les peuples que vous délivrerez de leurs fers, c'est de réprimer les pillages auxquels se portent les scélérats suscités par nos ennemis. Quant à moi, investi de l'autorité nationale, je ne souffrirai pas que des brigands souillent vos lauriers.

« Peuples d'Italie, l'armée française vient chez vous pour rompre vos fers : le peuple français est l'ami de tous les peuples. Venez avec confiance au-devant de nos drapeaux. Votre religion, vos propriétés, vos usages seront religieusement respectés. Nous ferons la guerre en ennemis généreux ; nous n'en voulons qu'aux tyrans qui vous asservissent. »

Quand ces nouvelles arrivèrent à Paris, la joie fut extrême. L'aide de camp de Bonaparte présenta les drapeaux au Directoire dans une cérémonie que le *Moniteur* du 10 mai 1796 nous raconte ainsi :

« Le Directoire a reçu aujourd'hui, dans une séance publique, vingt et un drapeaux enlevés par les républicains français aux Autrichiens et aux Sardes à Millesimo, Dego et Mondovi. Le ministre de la Guerre, qui présentait l'officier général porteur de ces trophées, a prononcé un discours dans lequel il a rendu hommage à la valeur de cette armée d'Italie qui, à la gloire d'avoir fini la campagne par des victoires, joint celle de l'ouvrir encore par des triomphes précurseurs d'une paix digne de la République française. L'officier général a parlé ensuite avec cet accent mâle et ce ton modeste qui caractérisent les héros de la liberté. Il a juré, au nom de ses compagnons d'armes, qu'ils verseraient jusqu'à la dernière goutte de leur sang pour la défense de la République, pour l'exécution des lois et le maintien de la Constitution de 1795. Le président du Directoire a répondu avec une émotion qui rendait la dignité de ses paroles plus touchante. Il a offert une épée au brave militaire et lui a donné l'accolade fraternelle. Cette séance, qui n'a duré qu'une demi-heure, présentait un spectacle imposant et tout à la fois attendrissant. Les sons d'une musique guerrière ajoutaient encore à cet enthousiasme qui s'est souvent manifesté par des cris de : Vive la République ! »

BATAILLE DE MONDOVI
(22 avril 1796).

BAGETTI.

LODI. — CASTIGLIONE

Mais cette cérémonie, dont nous venons de parler, parut insuffisante; les Directeurs préparèrent des solennités nouvelles auxquelles on donnerait plus d'éclat et de retentissement. Or, ce fut précisément le 10 mai, jour où le Directoire reçut les drapeaux des premières victoires, que Bonaparte gagna la bataille de Lodi, cette héroïque journée qui devait produire une impression si vive sur l'imagination populaire.

Le Directoire est enthousiasmé. Son commissaire à l'armée d'Italie, Salicetti, lui avait écrit le 11 mai : « Citoyens Directeurs, gloire immortelle à la brave armée d'Italie! Reconnaissance au chef sagement audacieux qui la dirige! La journée d'hier sera célèbre dans les fastes de l'histoire et de la guerre... La colonne de républicains formée, le général Bonaparte parcourut les rangs. Sa présence enthousiasma les soldats. Il fut accueilli aux cris mille fois répétés de : Vive la République! Il fit battre la charge, et la troupe, avec la rapidité de l'éclair, s'élança sur le pont! »

Pour célébrer les triomphes nouveaux, le Directoire organisa une fête moitié patriotique, moitié mythologique, comme il y en eut beaucoup alors, où les réminiscences de Plutarque se joignaient à celles de Jean-Jacques Rousseau, et où se retrouvait, avec le sentiment héroïque de l'époque, son goût pour la déclamation et sa passion de l'hyperbole. La *Fête de la Reconnaissance et des Victoires* (tel était son nom officiel) fut célébrée au Champ de Mars le 10 prairial an IV (29 mai 1796). Au centre du Champ de Mars, dit aussi Champ de la Réunion, une plate-forme de douze pieds de hauteur avait été élevée. On y arrivait par quatre rampes de soixante pieds de largeur chacune. Au bas des rampes étaient des lions, « symbole de la force, du courage et de la générosité », comme dit le *Moniteur*. La ligne circulaire qui traçait les limites de l'emplacement destiné à la cérémonie était formée par des canons servant de barrières. Des enseignes militaires comblaient les vides entre les canons. Des guirlandes en forme de festons liaient ensemble ces enseignes. Sur un piédestal, au centre du tertre, apparaissait, assise sur divers trophées d'armes, la statue de la Liberté, d'une main s'appuyant sur la Constitution, de l'autre tenant une baguette surmontée du bonnet de Guillaume Tell. On brûlait des parfums dans quatre trépieds antiques placés autour de la statue. A côté s'élevait un grand arbre où étaient suspendus, en forme de trophées, les drapeaux pris à l'ennemi. Tout près se dressaient, sur des piédestaux, les Victoires, sous la figure de Renommées. Chacune d'elles, debout, tenait d'une main une palme et de l'autre une trompette guerrière qu'elle embouchait. Enfin, il y avait sur un autel des couronnes de chêne et de laurier que les Directeurs allaient distribuer au nom de la patrie reconnaissante.

A dix heures du matin, une salve d'artillerie annonça le commencement de la fête. Les talus du Champ de Mars étaient garnis de tentes. A la garde nationale parisienne, en armes et avec ses drapeaux, divisée en quatorze sections, étaient joints un certain nombre de vétérans invalides ou soldats blessés, qu'on avait pris soin de placer dans la section représentant l'armée où ils avaient reçu leurs blessures. Carnot prit la parole comme président du Directoire. Son discours fut, pour ainsi dire, une églogue guerrière. L'ancien membre du Comité de Salut public célébra la gloire des combats sur un mode pastoral. Il embouchait tour à tour les pipeaux et la trompette. La sensibilité s'unissait à l'ardeur belliqueuse. C'était l'homélie d'un Tyrtée. Peu de documents reflètent aussi bien les idées et les goûts de la société d'alors que ce discours à la fois humanitaire et militaire qui commence ainsi : « C'est au moment où la nature

Bombardement et prise de Fossano.
(28 avril 1796).

semble renaître, où la terre, se parant de fleurs et de verdure, nous promet de belles moissons, où tous les êtres publient dans leur langage l'intelligence bienfaisante qui renouvelle l'univers, que le peuple français vient, dans cette fête solennelle, rendre un éclatant hommage aux talents et aux vertus aimées de la patrie et de l'humanité. Eh! quel jour peut mieux réunir tous les cœurs? Quel citoyen, quel homme peut être étranger au sentiment de la reconnaissance? Nous n'existons que par une longue suite de bienfaits, et notre vie n'est qu'un échange continuel de services. Faibles, sans appui, l'amour de nos parents veille sur notre enfance. Ils guident nos premiers pas; leur patiente sollicitude aide au développement de nos organes; nous en recevons les premières notions de ce qui est nous-mêmes et de ce qui est hors de nous. » Après cet exorde vient un éloge en règle de la sensibilité; la sensibilité, ce mot à la mode, que les plus cruels terroristes, et Robespierre lui-même, avaient prononcé avec tant d'emphase. « La sensibilité, disait Carnot, ne se resserre pas dans le cercle d'une famille; elle va chercher l'indigent sous le chaume; elle verse dans son sein les secours et la consolation et, déjà payée du bienfait par le sentiment du bienfait même, elle l'est encore par la reconnaissance. Humanité! que ta pratique est délicieuse, et qu'elle est à plaindre l'âme avide qui ne te connaît pas! »

Après ce dithyrambe en l'honneur de la nature, de la famille, de la sensibilité, venaient les descriptions martiales, comme après la harpe le clairon : « Une République naissante arme ses enfants pour défendre son indépendance; rien ne peut retenir leur impétuosité; ils traversent les fleuves, forcent les retranchements, gravissent les rochers. Ici, après une foule de victoires, ils reculent nos limites jusqu'aux barrières que la nature nous a données, et poursuivent sur les glaces les débris de trois armées; là, ils vont exterminer des hordes de traîtres et les brigands vomis par l'Angleterre, punissent les chefs coupables et rendent à la République des frères trop longtemps égarés; ici, franchissant les Pyrénées, ils se précipitent de leur sommet, renversant tout ce qui s'oppose à leur élan, et ne sont arrêtés que par une paix honorable; là, escaladant les Alpes et l'Apennin, ils s'élancent à travers le Pô et l'Adda; l'ardeur du soldat est secondée par le génie et l'audace des chefs; ils conçoivent avec profondeur, ils exécutent avec énergie, tantôt disposant de leurs forces avec calme, tantôt se précipitant au milieu des dangers à la tête de leurs frères d'armes. »

Carnot terminait son discours par un hommage rendu aux soldats de la République : « Recevez, s'écriait-il, recevez le témoignage solennel de la reconnaissance nationale, armées républicaines!... Pourquoi ne reste-t-il plus que votre souvenir, héros morts pour la liberté? Vous vivrez du moins à jamais dans nos cœurs; vos enfants nous seront chers. La République acquittera sur eux ses dettes envers vous, et nous venons ici payer la première en proclamant votre gloire et sa reconnaissance. Armées républicaines, figurées dans cette enceinte par une portion de vous-mêmes, phalanges invincibles, dont j'aperçois de tous côtés les trophées, dont j'entrevois dans l'avenir les nouveaux succès, avancez et recevez les couronnes triomphales que le peuple français nous ordonne d'attacher à vos drapeaux. »

Après la fête, on dansa au Champ de Mars jusqu'à la chute du jour. Le soir, il y eut un grand banquet républicain, où l'on chanta un hymne composé pour la circonstance par le poète Lebrun, Lebrun-Pindare, comme on l'appelait alors.

En voici quelques strophes :

> O jour d'éternelle mémoire,
> Embellis-toi de nos lauriers!
> Siècles, vous avez peine à croire
> Les prodiges de nos guerriers.
> L'ennemi disparu fuit ou boit l'onde noire.
>
> Liberté, préside à nos fêtes,
> Jouis de nos brillants exploits.

Passage du Pô vis-à-vis de Plaisance
(8 mai 1796).

Les Alpes ont courbé leurs têtes,
Et n'ont pu défendre les rois.
L'Éridan conte aux mers nos rapides conquêtes.

L'Adda, sur ses gouffres avides,
Offre un pont de foudres armé.
Mars s'étonne, mais nos Alcides
Dévorent l'obstacle enflammé.
La Victoire a pâli pour ces cœurs intrépides.

Tout cède au bras d'un peuple libre,
Les rochers, les torrents, le sort.
De ces coups dont gémit le Tibre,
Le Sud épouvante le Nord.
Des balances de Pitt nous rompons l'équilibre.

Sous la main de nos Praxitèles,
Respirez, marbres de Paros!
Muses, vos lyres immortelles
Nous doivent l'hymne des héros.
Il faut de nouveaux chants pour des palmes nouvelles.

*
* *

On comprend ces chants hyperboliques, quand on se rappelle la grandeur et la rapidité des événements qu'ils solennisent.

Bonaparte était entré en campagne le 9 avril, la soumission du Piémont était terminée le 28 par l'armistice de Cherasco; il n'avait employé que dix-huit jours à cette œuvre de géant.

Mais sa tâche n'était pas finie. Il se tourna immédiatement contre les Autrichiens sous les ordres de Beaulieu. Par une feinte hardie, il passe le Pô vis-à-vis de Plaisance, bat les Autrichiens qui ont à leur tête Liptai, leur fait 2.000 prisonniers et les force à s'enfermer dans la petite place de Pizzighettone.

Cette manière rapide de faire la guerre déconcertait tout le monde. Bonaparte, se trouvant dans les environs de Pizzighettone, rencontra un gros capitaine ou colonel allemand qu'on venait de faire prisonnier. Il eut la fantaisie de le questionner, sans en être connu, et lui demanda comment allaient les affaires. « Oh ! très mal, lui dit l'autre ; je ne sais pas comment cela finira ; mais on n'y comprend plus rien. On nous a envoyés pour combattre un jeune étourneau, qui vous attaque à droite, à gauche, par devant, par derrière ; on ne sait plus que faire ! Cette manière est insupportable ; aussi, pour ma part, je suis tout consolé d'avoir fini ! »

Bonaparte devait les étonner encore bien davantage dans cette fantastique campagne d'Italie.

Le Pô franchi, le Tésin tourné, Beaulieu battu, la route de Milan était ouverte. Le général en chef était, on le conçoit aisément, impatient d'y entrer. Mais, avant tout, il désirait détruire complètement son adversaire.

Bonaparte avait maintenant devant lui l'Adda, qu'il résolut de franchir à Lodi. Il se trouve devant cette ville le 9 mai. Il l'attaque, la prend, et les ennemis se retirent, traversant le pont, sur l'autre rive.

Ce pont de Lodi, devenu si célèbre par son glorieux passage, avait plus de 150 mètres de longueur, et était défendu par les 10.000 hommes du général Sebottendorf ; une nombreuse artillerie avait été préparée par lui, afin de balayer le pont, au cas où les Français oseraient essayer de le traverser. Il s'imaginait qu'aucune troupe ne serait assez audacieuse pour tenter cette aventure sous le feu formidable de ses canons. L'expérience allait lui démontrer qu'aucun obstacle ne saurait arrêter des Français animés par l'honneur et l'amour de la gloire.

Les divisions Augereau et Masséna, qui s'étaient mises les premières en mouvement, arrivèrent sans obstacles auprès de la ville de Lodi. Bonaparte se porta à la tête du pont que les Autrichiens venaient de repasser, et voulut en faire lui-même la reconnaissance. Par son ordre, et sous ses yeux, malgré une grêle de mitraille épouvantable, une batterie composée des canons de la division Masséna est aussitôt établie, afin de répondre à celle des Autrichiens. En

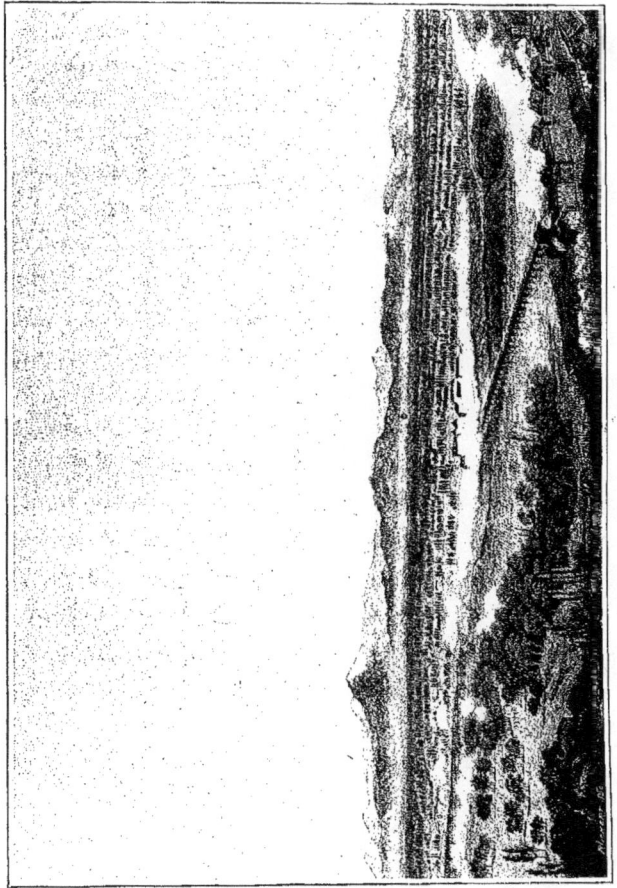

Bataille de Lodi
Passage de l'Adda (10 mai 1796).

même temps, il ordonne au général Masséna de former tous les bataillons de grenadiers en colonne serrée en masse, et de la conduire à l'attaque du pont, tandis qu'il la ferait soutenir par le reste de sa division et celle du général Augereau. Les tambours battent la charge, et la redoutable colonne de grenadiers, dont le 2º bataillon de carabiniers forme la tête, s'élance au débouché du pont, aux cris accoutumés de *Vive la République!* Trente pièces de canon étaient en batterie de l'autre côté ; la mitraille, qui vomit la mort dans les rangs des grenadiers, fait un instant hésiter ces braves : ils s'arrêtent. Un moment d'incertitude de plus, sur un pont extrêmement étroit, allait tout perdre... Mais les généraux français ont reconnu toute l'imminence du danger ; Berthier, Masséna, Cervoni, Dallemagne, le chef de brigade Lannes et le chef de bataillon Dupas ont déjà volé pour se mettre à la tête de leurs soldats, et les rappeler à leur courage habituel. La voix de l'honneur est entendue ; les grenadiers s'élancent de nouveau sur les traces de leurs généraux, ils courent plutôt qu'ils ne marchent au combat. En un moment ils ont traversé le pont, culbuté la première ligne de l'ennemi, enlevé ses pièces et dispersé ses bataillons. Les généraux Augereau[1], Rusca et Bayrand, qui avaient suivi la colonne, à la tête de leurs divisions, achèvent de décider de la victoire. Les Autrichiens fuient de toutes parts, abandonnant leur artillerie, leurs caissons et leurs bagages.

Bonaparte pouvait alors tranquillement se rendre à Milan. Son entrée dans cette ville fut un véritable triomphe. Il fut accueilli aux

---

[1]. Un historien du commencement du xixº siècle, Dulaure (*Esquisses historiques des principaux événements de la Révolution française*, t. IV, 2ᵉ édition ; Paris, 1826) parle ainsi de cette affaire :

« Augereau se place en avant, il brave la canonnade ; les grenadiers le suivent, et dans quelques secondes, au pas de course, ils arrivent à l'autre extrémité du pont, laissent en chemin plusieurs blessés, et attaquent les canonniers étonnés, les mettent en fuite, enfoncent la ligne ennemie, et la forcent à se retirer à Créma dans le plus grand désordre.

« Augereau, parlant de cette action éminemment courageuse, racontait qu'un jeune tambour, toujours à son côté, battait le pas de charge. Il ajoutait que, dans la chaleur et l'exaltation où il se trouvait, des larmes coulaient de ses yeux. »

Ne serait-ce point là le tambour d'Arcole ?

cris de : « Vive la liberté! Vivent les Français! » Et les dames portaient la cocarde aux trois couleurs.

Il ne s'endormit cependant pas sur ses lauriers. Il s'occupa, dès le lendemain, d'achever la conquête du Nord de l'Italie. Tout fut disposé pour continuer la campagne sur le Mincio. Au moment de lancer encore une fois sa brave armée dans de nouveaux périls, il l'exhorta à se montrer digne de ses hautes destinées.

« Soldats, dit-il dans sa proclamation, vous vous êtes précipités comme un torrent du haut de l'Apennin, vous avez culbuté, dispersé tout ce qui s'opposait à votre marche. Le Piémont, délivré de la tyrannie autrichienne, s'est livré à ses sentiments naturels de paix et d'amitié pour la France. Milan est à vous, et le pavillon républicain flotte dans toute la Lombardie. Les ducs de Parme et de Modène ne doivent leur existence politique qu'à votre générosité. L'armée qui vous menaçait avec orgueil ne trouve plus de barrière qui la rassure contre votre courage; le Pô, le Tésin, l'Adda n'ont pu vous arrêter un seul jour; ces boulevards tant vantés de l'Italie ont été insuffisants; vous les avez franchis aussi rapidement que l'Apennin. Tant de succès ont porté la joie dans le sein de la patrie; vos représentants ont ordonné une fête dédiée à vos victoires, célébrée dans toutes les communes de la République. Là, vos pères, vos mères, vos épouses, vos sœurs, vos fiancées, se réjouissent de vos succès, et se vantent avec orgueil de vous appartenir. Oui, soldats, vous avez beaucoup fait... mais ne vous reste-t-il donc plus rien à faire?... Dira-t-on de nous que nous avons su vaincre, mais que nous n'avons pas su profiter de la victoire? La postérité vous reprochera-t-elle d'avoir trouvé Capoue dans la Lombardie? Mais je vous vois déjà courir aux armes... Eh bien! partons! Nous avons encore des marches forcées à faire, des ennemis à soumettre, des lauriers à cueillir, des injures à venger. Que ceux qui ont aiguisé les poignards de la guerre civile en France, qui ont lâchement assassiné nos ministres, incendié nos vaisseaux à Toulon, tremblent! L'heure de la vengeance a sonné; mais que les peuple

Prise de Bignasco
(25 mai 1796).

soient sans inquiétude, nous sommes amis de tous les peuples, et plus particulièrement des descendants des Brutus, des Scipions et des grands hommes que nous avons pris pour modèles. Rétablir le Capitole, y placer avec honneur les statues des héros qui le rendirent célèbre, réveiller le peuple romain engourdi par plusieurs siècles d'esclavage, tel sera le fruit de nos victoires. Elles feront époque dans la postérité : vous aurez la gloire immortelle de changer la face de la plus belle partie de l'Europe. Le peuple français, libre, respecté du monde entier, donnera à l'Europe une paix glorieuse, qui l'indemnisera des sacrifices de toute espèce qu'il a faits depuis six ans. Vous rentrerez alors dans vos foyers, et vos concitoyens diront, en vous montrant : « Il était de l'armée d'Italie ! »

Lui-même, suivant toujours ses troupes, arrivait à Lodi pour les diriger, lorsque le commandant de Milan, Despinois, le fit avertir que le tocsin sonnait dans toute la Lombardie ; que les signes d'un prochain soulèvement paraissaient de tous côtés ; que Pavie, en particulier, était en pleine insurrection. Revenir à Milan fut le premier acte de Bonaparte. Sa présence suffit pour comprimer le soulèvement prêt à éclater.

Mais Pavie et les villages environnants étaient en pleine révolte. Le chef de brigade Lannes attaqua le gros village de Binasco, où s'étaient réunis 7 à 800 paysans révoltés, en tua une centaine, dispersa le reste et brûla le pays. Ce châtiment ne suffit même pas pour effrayer Pavie ; le général Dommartin dut en effondrer les portes à coups de canon.

Cet acte énergique et d'autres du même genre rétablirent la tranquillité.

D'étape en étape, l'armée autrichienne en était à l'extrémité de son territoire, marquant son passage par une série de défaites. Toute sa préoccupation était de couvrir Mantoue, la dernière place qui lui restait. Beaulieu arrêta son armée derrière le Mincio, et forma sa ligne de défense depuis le lac de Garda jusqu'à Peschiera, ville vénitienne, où il s'établit comme chez lui. Il était aussi maître de trois ponts sur le Mincio : à Revalta, à Goito, à Borghetto.

L'effort des Français porta sur Borghetto, dont ils s'emparèrent. Les Autrichiens culbutés se hâtèrent de passer le pont; ils en coupèrent ensuite une arche que les vainqueurs subitement arrêtés essayèrent de rétablir; mais ce travail parut trop long à l'impatience des grenadiers. Une cinquantaine d'entre eux se précipitent dans le fleuve, le traversent en tenant leurs armes au-dessus de leur tête, sous le feu des hauteurs opposées, et, commandés par le général Gardanne, qui leur donne l'exemple, se jettent sur l'ennemi; celui-ci n'attend pas l'attaque et s'enfuit, poursuivi par Augereau.

Bonaparte établit son quartier général à Valeggio. Il lui arriva, dans ce village, une petite aventure qui eut une certaine importance sur sa carrière militaire. Il était dans le château, sur la rive gauche du Mincio. Souffrant de la tête, il prenait un bain de pieds. Un gros détachement ennemi égaré et perdu arrive, en remontant le fleuve, jusqu'à ce château. Bonaparte y était presque seul; la sentinelle en faction à la porte n'a que le temps de la pousser en criant aux armes, et le général de l'armée d'Italie, au sein de sa victoire, est réduit à s'évader par les derrières du jardin, avec une seule botte, l'autre jambe nue.

Le danger auquel venait d'échapper le général français, circonstance qui, dans sa manière d'opérer, pouvait se renouveler souvent, devint l'origine des guides chargés de garder sa personne. Ils ont été imités depuis par les autres armées.

Tous les soins de Bonaparte tendirent, dès lors, à presser le siège de Mantoue; il le faisait avec vigueur, lorsqu'il apprit que Wurmser débouchait du Tyrol pour venir au secours de la place. Serurier, qui dirigeait le siège, brûla ses affûts, dans la nuit du 31 juillet, encloua

Combat de Salo
(31 juillet 1796).

ses canons, enterra ses projectiles et jeta ses poudres à l'eau pour aller joindre l'armée active.

L'arrivée de Wurmser en Italie pouvait avoir les conséquences les plus graves; on le considérait partout comme un libérateur, et les partisans de la domination autrichienne reprenaient courage. Les Vénitiens faisaient éclater bruyamment une joie qu'ils ne pouvaient plus contenir; les soldats esclavons mettaient déjà à prix le sang qu'ils allaient répandre; ils couraient sur les places publiques et affirmaient au peuple que la victoire ne serait pas longtemps disputée; les agents français étaient insultés à Rome et à Naples. Il passait sur l'Italie entière comme un souffle insurrectionnel, qui échauffait les cerveaux, et on se répétait de l'un à l'autre ce vieux proverbe, jusque-là réalisé, que l'Italie était le tombeau des Français.

Les premières opérations parurent donner raison à ces malheureux souhaits. Nos avant-postes furent surpris; l'avant-garde du général Masséna, attaquée par les forces supérieures dont disposait le général Sebottendorf, avait été contrainte d'abandonner les positions retranchées de Brentino et de Corona, après une perte énorme. Dans le même temps, le général Davidowich jetait un pont sur l'Adige à Dolce, les généraux Mitrowsky et Mezaros poussaient leurs troupes sur Chiusa et Vérone. Par cette manœuvre, la division Masséna, qui était répartie depuis Vérone jusqu'au-dessus de Rivoli, se trouvait gravement compromise : elle se replia sur Piavesano.

Sauret, qui n'avait guère autour de lui que 4.500 hommes, était placé à cheval sur la colline qui s'étend à l'ouest du lac de Garda et court du midi au nord, à partir de Lonato. Il occupait les deux flancs et la crête du monticule, ayant ses troupes postées à Gavardo, Termini, Gazzano et Salo, sur les bords du lac. Il fut attaqué par toute la division Quasdanowich, quatre fois plus forte que la sienne, repoussé après deux heures d'une lutte opiniâtre, mais trop inégale, et obligé d'abandonner Salo. Dans la retraite, le général Guyeux fut coupé avec un bataillon de la 15ᵉ légère et enfermé sans moyen de sortir. Il se cantonna résolument dans une grosse maison sur le bord du lac, et, quoiqu'il n'eût que fort peu de munitions et pas du tout de vivres, il ne céda point au désespoir. Avec 400 hommes, sans canons, il résista pendant deux jours à 4 ou 5.000 ennemis bien approvisionnés. Cette résistance, hors de toute combinaison, décida peut-être du sort de la campagne. Quasdanowich se porta immédiatement sur Brescia, dont il s'empara, faisant un certain nombre de prisonniers. Masséna et Sauret écrivirent aussitôt au général en chef pour l'informer de ce qui était survenu.

Il importait d'agir avec rapidité pour contenir la marche des Autrichiens et délivrer le général Guyeux, qui refusait de se rendre et continuait seul la lutte. Pour la première fois, Bonaparte consulta ses généraux : tous furent d'avis qu'après avoir perdu la route de Milan, il n'y avait d'autre ressource que de faire une retraite rapide; qu'en agissant autrement, l'on était exposé à être enveloppé par des forces supérieures; pour peu que Wurmser continuât à marcher, on allait se trouver placé dans la plus fâcheuse position, ayant à sa droite la Vénétie, qui faisait cause commune avec lui, à gauche le gros de l'armée autrichienne, et derrière soi le cours de l'Oglio et les marais de Mantoue. Augereau seul se prononça pour l'attaque, prétextant que, avec des soldats comme ceux que l'on avait sous la main, tout était possible. Ce fut aussi l'opinion de Bonaparte. Le 13 thermidor, Sauret chassa les Autrichiens de Salo, leur enleva deux drapeaux et délivra le général Guyeux. Dallemagne se porta sur Lonato et engagea avec le corps du général Ocshay un combat des plus meurtriers; il eut difficilement le dessus. Augereau, imitant la conduite de ses lieutenants, s'était porté sur Brescia, faisant toujours le coup de feu depuis le passage de la Chiese.

Wurmser apprit à Mantoue, où il venait d'entrer en triomphateur, les succès de l'armée française à Salo, à Lonato et à Brescia. Cette marche offensive des Français l'obligea de se rapprocher de Quasdanowich, qui faisait de son côté de louables efforts pour se

BATAILLE DE S.-DONATO.
(3 août 1796).

maintenir en position. Il était revenu sur Lonato, l'avait repris et en avait encore été chassé. Les troupes des deux camps se préparaient à une bataille décisive; de furieux combats d'avant-garde, livrés autour de Castiglione, annonçaient que l'action était chaude : chacun avait des échecs à réparer. Bonaparte se multipliait : il tenait à tout régler lui-même, à étudier la position des ennemis dans ses moindres détails.

Il était à Lonato avec 1.000 ou 1.200 hommes quand on vint l'avertir qu'il était cerné par un corps de 3.000 hommes arrivé à l'improviste, et qu'il n'y avait plus pour lui d'issue possible. Un instant après, un parlementaire vint sommer les troupes postées à Lonato de se rendre, ignorant que le général en chef se fût hasardé à y venir. La position était critique, mais c'était là surtout qu'éclatait le génie de Bonaparte. Jugeant bien que ce corps égaré ne pouvait être autre qu'un débris de l'armée qu'il avait battue la veille, il fit introduire le parlementaire et, lui ayant débandé les yeux : « Savez-vous devant qui vous vous trouvez? » lui dit-il. « Vous êtes devant le général Bonaparte et, apparemment, vous n'avez pas la prétention de le faire prisonnier avec son armée : votre corps est coupé et c'est lui qui doit se rendre. Dites à celui qui vous a envoyé que si, dans huit minutes, il n'a pas déposé les armes et si une seule amorce est brûlée, je le fais fusiller lui et ses gens. Allez, et rapportez à votre général qu'il lui est loisible de faire une bonne capture. » Il fit aussitôt avancer les grenadiers qui gardaient le quartier général, ce qu'il avait de guides et quelques pièces de canon, se préparant à une action immédiate. Le chef de la colonne ennemie demanda à son tour à capituler. « Non », répondit Bonaparte, « je n'ai pas de capitulation avec ceux qui sont mes prisonniers. » Comme l'officier autrichien insistait, Bonaparte ordonna à ses troupes, étendues sur un front imposant, de charger les armes. L'ennemi fut la dupe de cette démonstration, livrant 3 drapeaux et 4 pièces de canon.

Le 18, l'armée française occupait les hauteurs qui dominent Castiglione à l'est : elle était placée en demi-couronne depuis Castel-Venzago jusqu'à Volta, en passant par Medole et Guidizzolo. L'armée ennemie avait sa droite postée entre Castel-Venzago et Pazalengo ; son centre se déployait sur la colline de Solférino, jusqu'à la redoute de Medolano ; sa gauche, sur Cavriana. Le général Fiorella, qui remplaçait momentanément Serurier, retenu par une indisposition, marcha toute la nuit pour tourner l'armée autrichienne ; au lever du jour, Marmont engagea, de la plaine de Modole, une vive canonnade avec la redoute de Medolano, qui tomba en notre pouvoir. Pendant cette action, la division Fiorella avait manœuvré avec tant de bonheur qu'elle était arrivée au quartier général ennemi sans éprouver aucune résistance. Wurmser aurait été pris par les hussards du 7ᵉ régiment, si les dragons autrichiens ne s'étaient trouvés à portée de le secourir ; ils chargèrent les hussards français et donnèrent ainsi à leur général en chef le temps de monter à cheval. Attaqué en même temps par Augereau sur le centre, par Masséna à l'aile droite et par Fiorella qui le poussait sur Cavriano, il fut obligé de se retirer après avoir perdu la tour de Solférino. La bataille de Castiglione était gagnée. Wurmser se hâta de passer le Mincio, et s'établit à Valeggio. Bonaparte le suivit en ordre ; Augereau fut placé à Pazalengo, ayant à sa gauche la réserve du général Kilmaine ; Masséna devant Castellaro, et la division Serurier dans la plaine, en arrière de Borghetto.

Bien que battue, l'armée autrichienne était encore redoutable : elle tenait la ligne du Mincio, et sa position était à peu près celle que Beaulieu occupait avant la bataille de Borghetto. Le lendemain, Augereau se porta sur Borghetto : ce n'était qu'une simple démonstration, tendant à faciliter l'œuvre de Masséna. Celui-ci s'était dirigé sur Peschiera, où le général Guillaume était bloqué. Il délivra heureusement la ville, chassa les Autrichiens de leur camp de Cavalcasello, et se mit aussitôt en marche sur Rivoli, pour reprendre les positions qu'il occupait avant le mouvement offensif de l'ennemi

Passage de la Brenta et ruines du fort de Covelo
(Septembre 1796).

DE QUELQUES TRAITS HÉROÏQUES

On a vu ci-dessus l'épisode de Lonato, où Bonaparte, par son esprit d'à-propos, son sang-froid, sa hardiesse, réussit à sortir d'une situation dangereuse qui perdait, avec lui, toute l'armée.

On trouverait facilement, dans cette épopée merveilleuse de la campagne d'Italie, une foule de traits journaliers de bravoure, d'héroïsme, dus aux soldats aussi bien qu'aux chefs.

A la vue des avant-gardes autrichiennes, le général Valette avait abandonné Castiglione et s'était retiré à Monte-Chiaro, où se trouvait Augereau. Peu après y arrivait Bonaparte. Il avait, à ce moment, l'intention d'effectuer sa retraite sur le Pô. Augereau combattit fortement ce projet, en s'appuyant surtout des bonnes dispositions de ses troupes, dispositions qui, sans doute, étaient communes aux autres corps. Bonaparte voulut s'assurer de ce que lui disait Augereau, et annonça l'intention de passer en revue la division de ce général. Les officiers généraux et supérieurs de cette même division vinrent, à ce moment, présenter leurs hommages au général en chef. « Venez dans nos camps, dirent ces chefs à Bonaparte, vous jugerez de l'esprit qui anime les braves que nous commandons. — Savez-vous, mes amis, reprit le jeune général, que vous avez devant vous 25.000 hommes des vieilles bandes autrichiennes commandées par Wurmser ? — Qu'importe ! s'écrièrent à l'instant, et d'une voix unanime, les vainqueurs de Lodi. Général, nous n'avons jamais compté nos ennemis ; reposez-vous sur nous. Aux Pyrénées, nous avons vaincu les ennemis de la France, nous saurons encore les vaincre en Italie. »

Bonaparte se rendit alors au camp devant Monte-Chiaro. Les troupes d'Augereau étaient rangées en bataille sur le front de bandière, les armes en faisceaux. A la vue du général en chef, elles l'accueillirent aux cris de : *Vive la République! Vivent nos braves généraux! A l'ennemi! Pas de retraite!* Quelques soldats s'élançant hors des rangs, et montrant à Bonaparte les hauteurs de Castiglione, lui dirent : « C'est là que nous jurons de remporter la victoire ou de périr tous! » Ces expressions du plus noble enthousiasme fixèrent l'irrésolution du général en chef, qui, se tournant vers Augereau, lui dit avec une émotion visible : « Oui, je dois croire qu'avec des braves comme ceux-là, on ne peut pas être vaincu! »

*
* *

Le général Sauret (voir plus haut) avait été obligé de reculer devant les forces de Quasdanowich, bien supérieures en nombre, et de renoncer ainsi à porter secours à Brescia qui fut prise et où furent faits prisonniers 4 compagnies d'infanterie, 1 escadron du 15ᵉ chasseurs, 2 généraux et quelques officiers supérieurs. De ce nombre était La Salle, que nous verrons plus tard tomber glorieusement à Wagram. Conduit au quartier général de Wurmser, il fut interrogé par le vieux maréchal autrichien sur l'âge que pouvait avoir ce Bonaparte dont la réputation était devenue tout à coup si éclatante. « L'âge qu'avait Scipion lorsqu'il vainquit Annibal », répondit La Salle, avec une noble fierté qui ne déplut pas au vieux Wurmser.

La Salle, dit le général Thibault dans ses *Mémoires*, était, sans contredit, le plus brillant officier de l'armée d'Italie. Aux avantages de la jeunesse, de la force et de la beauté physique, il joignait une instruction variée, toutes les qualités de l'esprit et du cœur et une gaieté imperturbable. Mais il avait de plus une activité infatigable,

Bataille de Castiglione
(5 août 1796).

une vaillance héroïque, l'enthousiasme de ses devoirs et de son état, une capacité rare, un attachement invariable pour ses amis et la tendresse la plus touchante pour sa mère.

Il était un jour campé non loin de Vérone, à Saint-Martin d'Albaro. L'idée lui vint tout à coup d'aller rendre visite à la marquise de Sali, dont il avait fait la connaissance et chez laquelle il espérait trouver des renseignements précieux pour l'armée. Or, la marquise demeurait à Vicence ; cela n'était pas de nature à faire reculer La Salle, au contraire.

Il choisit donc 25 hommes dans le 1er régiment de cavalerie, un des meilleurs corps de cette arme que nous eussions alors, les rassemble à la nuit formée, part immédiatement, et cela sans ordre, sans confident, sans même une apparence d'autorisation, passe sans être aperçu entre les vedettes de l'ennemi, échappe à ses postes, gagne par les montagnes les derrières de l'armée autrichienne et, marchant sans cocardes, les manteaux déployés, à travers les montagnes et par des chemins qu'il connaissait, il arrive à minuit à Vicence, qu'il savait ne pas avoir de garnison, y cache sa petite troupe et court chez la marquise.

Vers deux heures et demie du matin, au moment où il s'apprêtait à partir, quelques coups de pistolet se font entendre. Aussitôt il est à cheval et rejoint son escorte ; il apprend alors qu'il est découvert et enveloppé. Les routes les plus directes sont fortement gardées ; il se rappelle un point qu'il juge ne pas devoir l'être encore ; il s'y porte rapidement ; 36 hussards l'occupent ; il les charge sans connaître leur nombre, les bouleverse, prend neuf chevaux qu'il amène, et, revenant par une route différente de celle qu'il a suivie, se décidant même à un grand détour, il évite les cantonnements, parle allemand, se donne pour Autrichien à des hommes d'un poste qu'il est forcé de traverser, puis, ayant accéléré sa marche autant que cela était possible, il tombe par derrière sur le dernier des avant-postes autrichiens, sabre tout ce qu'il peut joindre, et rentre avec le jour à Saint-Martin d'Albaro, d'où il était parti, et cela sans avoir perdu un seul homme.

La marquise, prévenue de cette entrevue, s'était procuré des renseignements précieux qu'il avait reçus d'elle, tant de vive voix que par écrit. La Salle, de plus, avait choisi pour cette équipée la nuit qui précédait la revue du général en chef; de retour, il s'était abstenu de se montrer pour n'avoir de rapport à faire à personne, puis il avait attendu le moment où il paraîtrait devant le général Bonaparte.

C'est aux portes de Vérone que cette revue eut lieu. La plus grande tenue avait été ordonnée, et l'empressement avec lequel cet ordre fut exécuté rendit plus extraordinaire encore l'apparition de La Salle qui, toujours le plus brillant comme le plus beau des officiers de l'armée, arrive en vieille pelisse, en pantalon et bottes sales et monté sur un cheval de hussard autrichien, auquel il avait eu grand soin de laisser sa selle, sa bride et jusqu'à son licou de corde.

La surprise qui résulta de cet accoutrement fut générale; et « Quel cheval avez-vous là? » fut la première question que lui fit le général en chef... La réponse était facile : « Un cheval que je viens de prendre à l'ennemi. — Où cela? — A Vicence, mon général. — Êtes-vous fou? — J'en arrive et même j'en rapporte des nouvelles que vous ne jugerez peut-être pas sans importance. » A l'instant le général Bonaparte prend La Salle à part, cause avec lui un quart d'heure et rejoint le groupe formé par les généraux Berthier, Masséna, Augereau et par les officiers d'état-major présents, en annonçant qu'il vient de faire La Salle chef d'escadron.

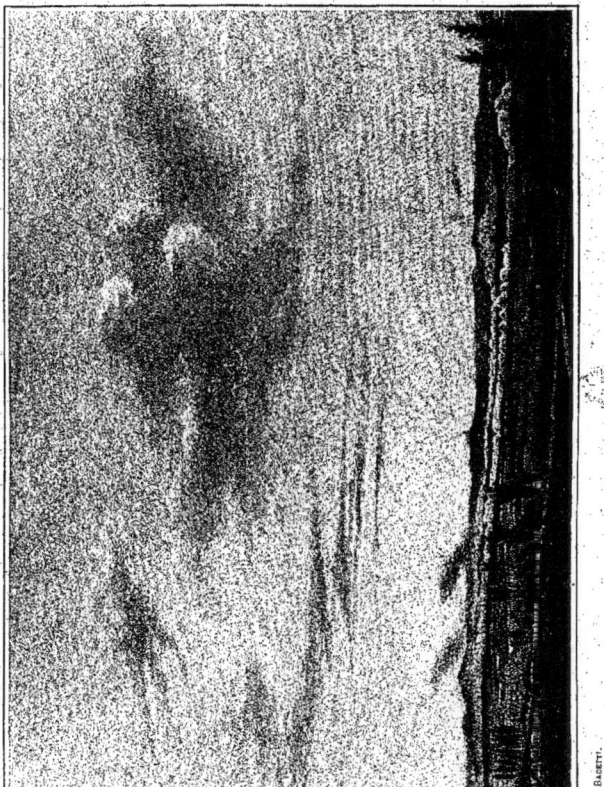

BATAILLE DE CASTIGLIONE
(5 août 1796).

LES ARMÉES DE SAMBRE-ET-MEUSE ET DU RHIN

L'armistice, arrêté par la convention de 1796 entre les armées françaises et autrichiennes sur les bords du Rhin, avait suspendu les hostilités pendant quelque temps ; mais le rapport du comte de Clerfayt semblait prouver que cette convention n'avait pas obtenu l'assentiment du cabinet de Vienne. Cependant, les opérations de la guerre n'avaient pas encore repris leur cours, lorsque le général Wurmser reçut l'ordre de se rendre en Italie avec un corps d'élite de 25.000 hommes. En même temps, l'armée impériale opposée aux Français en Allemagne passait sous les ordres de l'archiduc Charles, à qui l'on avait adjoint le général Latour et le duc de Wurtemberg.

Du côté des Français, Jourdan était toujours à la tête de l'armée de Sambre-et-Meuse, et le général Moreau avait succédé à Pichegru dans le commandement de celle du Rhin.

Lorsque le moment d'agir fut enfin marqué par la dénonciation que les Autrichiens firent de l'armistice, le général Jourdan se mit en devoir de prendre l'initiative. A cet effet, il ordonna à Kléber d'attaquer le corps du duc de Wurtemberg et de le pousser avec toute la vigueur possible sur le Lahn.

Kléber manœuvra quelques jours en vue des troupes autrichiennes, et eut avec elles quelques engagements. Le 4 juin 1796, il était devant le corps principal du duc de Wurtemberg, qui occupait les positions avantageuses de Kroppach et d'Altenkirchen.

« Un combat assez vif, mais inégal, s'engagea ; la cavalerie du général Lefebvre, conduite par l'intrépide Richepanse, traversant le ravin devant Altenkirchen, culbuta quelques escadrons autrichiens sur les bataillons de Jordis; cette infanterie, déjà menacée à gauche, voulut se retirer, mais la tête de la colonne fut bientôt gagnée de vitesse, chargée et forcée à mettre bas les armes. Le général Soult s'était avancé en même temps sur Kroppach, comme il en avait l'ordre; bien qu'il n'eût aucun engagement sérieux, son mouvement contint la réserve que le duc de Wurtemberg avait établie sur ce point, et qui, se trouvant menacée elle-même, ne put prendre aucune part au combat. Les Autrichiens rassemblèrent alors leurs troupes vers Mochstebach et se retirèrent dans la nuit jusqu'à Freilingen, en abandonnant 1.500 prisonniers, 12 pièces de canon et 4 drapeaux. »

Le général Moreau avait pour instruction de passer le Rhin et de porter la guerre en Allemagne aussitôt après la reprise des hostilités. Il avait profité de l'armistice pour se préparer à cette importante opération, et s'était décidé à traverser le Rhin à Strasbourg. Cette grande place lui offrait un point de départ excellent, et le fort de Kehl, qu'il trouvait en face de lui, était facile à surprendre. Aussitôt donc que finit la suspension d'armes, il alla faire contre le camp retranché de Mannheim une fausse attaque qui lui réussit à merveille, et resserra l'ennemi dans ses lignes; puis une partie de l'armée française fut dirigée sur Strasbourg pendant que d'autres troupes s'y rendaient d'Huningue. Ces faux bruits trompèrent les Autrichiens sur leur destination. Il était résolu que le passage s'effectuerait sur deux points : 10.000 hommes devaient le tenter à Gambsheim, au-dessous de Strasbourg, et 15.000 à Kehl. L'armée de Sambre-et-Meuse, à l'extrême gauche de celle du Rhin, ayant la première attaqué l'ennemi le 31 mai, le général Moreau, qui devait lier toutes ses opérations avec celles de Jourdan, se prépara à effectuer le passage; le mouvement de retraite que Jourdan avait été dans la nécessité d'ordonner lui en faisait une loi.

« Le 23 juin, après midi, les portes de Strasbourg furent tout à coup fermées, et l'on s'occupa en toute diligence des derniers prépa-

Prise du village de Minolano
(7 septembre 1796).

ratifs de l'entreprise, différés jusqu'alors pour mieux en garder le secret.

« Trois fausses attaques furent exécutées à Misemheim, à la redoute d'Isaac et à Beclair, dans le but de diviser l'attention et la résistance de l'ennemi.

« Le 23, à l'entrée de la nuit, les corps destinés au passage se trouvèrent rassemblés sur deux points principaux : 16.000 hommes au polygone et sur les glacis de la ville de Strasbourg, sous les ordres de Ferino, et 12.000 près de Gambsheim, sous ceux du général Beaupuy. Le tout était commandé par Desaix. »

A minuit, les embarcations étaient descendues de l'île dans le bras Mabile, qu'elles remontèrent; les troupes s'y jetèrent avec vivacité, en observant néanmoins le plus profond silence; le nombre des combattants sur ce premier transport était de 2.500 hommes.

A une heure et demie, le général donna le signal du départ : le canon des fausses attaques se faisait déjà entendre et aurait dû donner l'éveil à l'ennemi; cependant, ce trajet s'exécuta très heureusement. Les troupes débarquèrent sans tirer un coup de fusil; les postes ennemis n'eurent que le temps de faire une première décharge et de s'enfuir.

L'adjudant général Decaen emporta la batterie d'Erlenrhein malgré quelques coups de canon.

Moreau, dès qu'il eut réuni sur la rive droite des troupes suffisantes pour commencer l'attaque, lança aussitôt ses bataillons contre Kehl. On aborda à la baïonnette les deux redoutes autrichiennes, et elles furent promptement enlevées. L'artillerie trouvée dans le fort fut aussitôt tournée contre le général Stein, qui arrivait de son camp de Wilstett pour repousser les Français, et qui fut repoussé lui-même.

Le pont de bateaux commencé le 24, à six heures du soir, fut achevé le 25 juin au matin. Les communications étant alors assurées, on fit défiler sur la rive droite les troupes à cheval, l'artillerie légère des deux divisions et le reste de l'infanterie du général Beaupuy.

Moreau employa l'intervalle du 25 au 28 juin à réunir ses troupes sur la rive droite du Rhin; il attaqua les Autrichiens retranchés sur le Renchen, et leur fit 800 prisonniers. Mais, ensuite, tandis qu'il dissémine ses forces, l'archiduc Charles se met en marche, et amène 25.000 hommes de renforts à Latour, que Moreau vient de battre à la Murg. L'archiduc Charles se résout à se retirer sur le Danube; il est poursuivi par Jourdan et Moreau. Le premier s'empare de Wurzbourg le 25 juillet.

Le 3 août, l'armée de Sambre-et-Meuse changea de commandant en chef. Les fatigues et les soucis avaient altéré la santé de Jourdan; il ne pouvait guère se promettre de repos tant qu'il resterait investi de son commandement. Il se démit en faveur de Kléber. Les succès qui suivirent montrèrent que le choix était justifié. Le jour même où Kléber prit le commandement en chef, l'avant-garde, aux ordres du général Lefebvre, amenait à capitulation la place de Kœnigshoffen, munie de 69 bouches à feu et d'approvisionnements en conséquence. Le lendemain 17, Bamberg, que défendait Wartensleben en personne, passait en notre pouvoir après un engagement sérieux. Deux jours après, le combat d'Hirschaïd avait une issue aussi favorable. Un autre, livré le surlendemain, en avant de Forckheim, amena la reddition de la ville; mais Kléber tombe lui-même malade, et Jourdan, à peine rétabli, reprend le commandement en chef.

Le général Ney, à qui l'avenir réservait tant de gloire et tant d'infortune, était de presque toutes les actions : c'est à lui que l'on devait Forckheim; il se signala trois jours après (le 11 août) devant Rothenburg. Il n'avait à sa suite qu'un faible détachement; il n'en somma pas moins la ville de se rendre sur-le-champ. Le ton avec lequel il s'exprima indiquait si bien un homme décidé à tout que la ville se rendit aussitôt, bien qu'elle fût défendue par 40 pièces de canon, 9 obusiers ou mortiers, et qu'elle renfermât en outre 40 quintaux de poudre.

BATAILLE D'ALTENKIRCHEN
(4 juin 1796).

L'armée touchait à la partie la plus pénible de sa course. Le pays dans lequel elle allait s'engager, couvert de mamelons séparés les uns des autres par des ravines plus ou moins profondes, où coulent des eaux intarissables, était, sur toute sa surface, hérissé de vieilles forêts, sans chemins et sans éclaircies, n'ayant pour le débardage du bois que de larges sentiers remplis d'ornières et d'eaux croupissantes, où l'on ne pouvait voiturer les gros arbres qu'en plein hiver, dans les fortes gelées, ou bien quand la chaleur de l'été avait durci les fondrières. Il n'y avait qu'une seule route qui pût supporter du canon : c'était celle de Lauff à Sulzbach, trop peu large pour donner passage à toute l'armée. Ces difficultés inhérentes au sol étaient encore augmentées par l'ignorance des lieux. Il n'existait pas au quartier général une seule carte sur laquelle on pût se guider : on en était réduit à s'adresser à des paysans ignares ou malintentionnés, sur lesquels, par conséquent, on ne pouvait se reposer. Il était nécessaire de s'éclairer à chaque pas, de ne marcher qu'avec les plus grandes précautions, mais aussi avec une excessive lenteur.

Impatient de tout retard, Ney courait au-devant de l'armée, battant les buissons et s'assurant que l'ennemi n'avait point d'embuscades. Dans sa course imprudente il tomba, à Sulzbach, en face des troupes du général Kray, qu'il attaqua sans plus réfléchir. Il avait affaire à des forces de beaucoup supérieures aux siennes : après un combat très vif, il fut contraint de reculer. Le bruit du canon et de la fusillade avait rassemblé les deux armées : la bataille s'engagea sur toute la ligne avec un grand acharnement. Le succès fut nul des deux côtés; les deux armées bivouaquèrent sur leurs positions respectives. A trois heures du matin, les Autrichiens levèrent leur camp et se retirèrent sur la rive gauche de la Nah.

Jourdan se disposait à passer la rivière et à chasser devant lui le général Wartensleben, quand il apprit que le prince Charles venait, avec 28.000 hommes, soutenir son lieutenant. C'était le grand tort du Directoire d'avoir lancé sur l'Allemagne deux généraux indépendants l'un de l'autre, recevant les ordres de Paris, alors que les Autrichiens étaient groupés sous un seul chef. Incertain de ce que faisait Moreau, Jourdan lui avait envoyé un officier pour s'informer de ses desseins, de façon à agir conformément l'un à l'autre. Moreau avait assuré à son collègue qu'il n'avait rien à craindre du prince Charles, qu'il le tiendrait en échec et l'empêcherait de quitter son armée. Il n'y put réussir. Avant qu'on en fût averti sur la Nab, le corps du prince était aux prises avec Bernadotte à l'aile droite de l'armée de Sambre-et-Meuse. Bernadotte fit preuve, dans les combats qu'il soutint et dans sa retraite, de courage et de prudence, disputant le terrain pied à pied, résistant quand il y avait avantage, cédant peu à peu quand l'ennemi se présentait en force, et n'établissant chaque jour son campement que dans les lieux inaccessibles.

En apprenant la position critique où il se trouvait, Jourdan s'était hâté de lui envoyer la réserve commandée par le général Bonnaud, espérant que ce renfort le rencontrerait à Teining, ou du moins à Neumarck; dans le cas contraire, Bonnaud devait se retirer sur Amberg, pour couvrir la droite de l'armée. Ce corps de réserve ne put arriver à temps, à cause du mauvais état des chemins; il serait même tombé entre les mains de l'ennemi si l'archiduc eût pressé davantage sa marche.

Jourdan n'avait pas dessein d'offrir le combat ni de l'accepter, mais l'ennemi le serra de si près que le centre de Wartensleben atteignit le corps de Championnet près de Koffernig. Malheureusement, la division Collaud n'avait pas achevé de passer le Wills, et restait en arrière, exposée à tous les dangers; elle ne se tira des mains des Autrichiens qu'au prix des plus grands efforts, des plus pénibles sacrifices. L'arrière-garde, commandée par Ney, se jeta sur l'ennemi et parvint à le contenir jusqu'à ce que toute la division fût passée. Le brave général était même parvenu au-delà d'Amberg, toujours combattant pour laisser aux fantassins le temps d'opérer leur retraite,

Passage du Rhin a Kehl.
(24 juin 1796).

lorsqu'il fut entouré par l'innombrable cavalerie autrichienne. Il se défendit longtemps et avec courage ; à la fin, il fut complètement débordé sur ses ailes et enfermé dans un cercle de fer. Voyant alors qu'il ne pouvait plus rien pour l'infanterie, et que le moment était venu où chacun devait s'en tirer à son corps défendant, il se mit en ligne, fit une charge désespérée et passa à travers les rangs ennemis, qui se refermèrent aussitôt.

Deux bataillons de la 23ᵉ demi-brigade d'infanterie demeuraient prisonniers. Ils étaient commandés par le chef de bataillon Deshayes. Cet énergique soldat voyait nettement sa position ; il était ou perdu ou prisonnier : il se décida à mourir. Ayant fait jurer à ceux qui l'entouraient de suivre son exemple, il disposa ses hommes en bataillon carré, leur ordonna de ne tirer qu'à bout portant, de repousser à la baïonnette la cavalerie autrichienne sans avancer sur elle et il attendit.

Une effroyable charge vint tomber sur lui, puis une deuxième et une troisième. Les morts étaient si nombreux que la cavalerie ne pouvait plus avancer. Deshayes saisit ce moment de répit ; il entasse les uns sur les autres les cadavres qui l'entourent, et s'en fait un rempart : la cavalerie vient s'y briser ; il fallut employer le canon pour faire une brèche à cette épouvantable forteresse. Quand le terrain fut suffisamment déblayé, le général Werneck s'élança dans le carré avec un régiment de cuirassiers. Le carnage fut horrible. Hommes et chevaux se débattaient dans un étroit espace, au milieu des cadavres écharpés ; et, comme il n'y avait plus ni fusillade ni canonnade, ce vaste massacre s'accomplissait dans un silence qui en augmentait l'horreur. 700 hommes couverts de sang et de blessures tombèrent au pouvoir de l'ennemi : le reste était mort. Deshayes fut relevé du champ de bataille dans un état désespéré. Malgré les soins qui lui furent prodigués, il ne tarda pas à expirer, emportant avec lui dans la tombe les regrets des siens et l'estime de l'ennemi. Cette lutte gigantesque donna le temps à l'armée française de prendre l'avance ;

à part l'encombrement qui eut lieu à Achten, elle effectua assez paisiblement sa retraite sur le Mein. Le 31 août, elle occupait la route entre Schweinfurt et Lauingen.

Moreau, de son côté, opérait un mouvement contraire et s'avançait davantage à l'intérieur, mais d'une manière si lente qu'il laissait toujours échapper le fruit de ses victoires. Il aurait pu franchir le Danube après la bataille de Neresheim ; il perdit son temps, et, quand il parvint au fleuve, le pont sur lequel il comptait le passer avait été détruit. Il fut obligé de faire un détour et d'aller opérer son passage à Lauingen, Dillingen et Hochstædt. Son but était de marcher sur la Bavière, pour forcer l'archiduc de revenir avec ses troupes et décharger l'armée de Jourdan. Le 24 août, il passa le Lech près du bourg de Hostetten, attaqua l'ennemi sur les hauteurs de Friedberg, et lui prit 17 canons, 2 drapeaux et 2.000 prisonniers. Le 1ᵉʳ septembre, les deux armées en vinrent aux mains auprès de Geisenfeld, vers trois heures du matin. Les débuts furent difficiles, et les troupes françaises eurent longtemps le dessous. Le général Desaix, qui s'était porté entre Puech et la chapelle de Saint-Guast, perdit cette position. Bientôt la masse de la cavalerie autrichienne se déploya dans les prairies marécageuses entre le village de Langenpruch et la Paar, avec l'intention de couper en deux l'armée française.

Son dessein ne fut pas si bien caché qu'on ne s'en aperçût. Profitant d'un petit vallon qui dissimulait à l'ennemi les mouvements que l'on pouvait faire, les généraux Desaix et Beaupuy portèrent sur leur gauche 1 bataillon d'infanterie, 3 régiments de cavalerie et 1 compagnie d'artillerie à cheval. Ce mouvement fut si habilement opéré que l'ennemi n'en eut aucun soupçon. La cavalerie autrichienne s'avança de confiance, croyant n'avoir à culbuter que deux ou trois pelotons qui se tenaient en vue et 4 pièces de canon qui lui envoyaient de la mitraille ; mais à peine fut-elle à vingt-cinq pas qu'une fusillade énergique, appuyée par une charge

Mort du général Marceau
(20 septembre 1796).

impétueuse de carabiniers, la mit en désordre. Avant qu'elle eût le temps de se reconnaître, elle fut prise en flanc par des dragons et des chasseurs, rompue et obligée de se retirer sous un feu meurtrier.

En prenant si énergiquement l'offensive, Moreau se flattait toujours de rappeler l'archiduc, et Jourdan l'espérait comme lui ; mais ce prince, acharné à la poursuite de l'armée de Sambre-et-Meuse, voulait la détruire, persuadé que celle de Rhin-et-Moselle ne pourrait lui échapper ensuite. Il tomba le 3, avec près de 60.000 hommes, sur l'armée de Sambre-et-Meuse avant qu'elle fût réunie. La division Lefebvre était restée à Schweinfurt, et Jourdan ne pouvait disposer que de 32.000 hommes. Une lutte sanglante s'engagea sous les murs de Würzburg. Les Français y déployèrent un courage au-dessus de tout éloge; mais, accablés par le nombre, ils furent contraints de céder après une journée de combat, et continuèrent leur mouvement de retraite sur le Kahn.

Cette bataille, peu importante en elle-même par ses résultats immédiats, eut une conséquence bien plus grande pour l'armée du Rhin. Moreau, qui aurait pu faire un tort considérable à l'armée de Latour, moins forte que la sienne, en avait perdu l'occasion quand elle s'était offerte ; et, maintenant que la retraite de Sambre-et-Meuse le mettait tout à fait à découvert, il était forcé de se retirer pour éviter d'être écrasé par l'archiduc et coupé dans sa retraite. Autant il avait montré de nonchalance dans l'agression, autant il déploya de vigueur et d'habileté à ramener son armée sur les bords du Rhin. A peine son mouvement rétrograde fut-il connu de l'ennemi qu'il se vit continuellement harcelé par Latour et par Nauendorf que l'archiduc avait détaché d'Amberg. Il débuta par le combat de Neuburg, où l'avantage, bien que minime, resta cependant aux Autrichiens. Chaque jour depuis fut signalé par des escarmouches, jusqu'au 9 octobre, où l'armée autrichienne, trop empressée à la poursuite, fut attaquée dans les formes à Biberach. Les Français retirèrent de leur victoire 4.000 prisonniers, 18 canons et 2 drapeaux.

L'armée de Sambre-et-Meuse, malheureusement, ne comptait plus de victoires importantes, et le moral des troupes commençait à fléchir. Le général en chef avait peine à saisir, au milieu des attaques feintes ou réelles auxquelles il était en butte, où il fallait porter les forces principales, et ce va-et-vient de marches et de contre marches fatiguait le soldat. L'armée avait aussi de temps en temps des morts cruelles à déplorer : le 16 septembre, le général Bonnaud perdit la vie au combat de Giessen; trois jours après, Marceau tombait au défilé d'Altenkirchen.

Chargé par Jourdan de couvrir la retraite, Marceau avait accepté cette mission périlleuse avec une bonne volonté qui avait rempli d'ardeur les soldats placés sous ses ordres. Suivi pied à pied par un ennemi infatigable, il se tenait toujours dans les derniers rangs pour encourager ses troupes. Il était ainsi arrivé au défilé d'Altenkirchen, mais l'armée entière n'avait pas encore eu le temps de le franchir. Jourdan lui envoie dire de tenir le plus longtemps possible, qu'il allait lui faire passer du renfort. Il se met aussitôt en devoir de résister. Il retourne son artillerie légère, rassemble ses troupes pour soutenir son arrière-garde, et va de lui-même étudier la position de l'ennemi. Il n'était accompagné, dans cette malheureuse reconnaissance, que du seul capitaine Souhait et de deux officiers attachés à sa personne. Il fut un moment distrait par un hussard autrichien qui caracolait devant lui; il s'arrêta pour le contempler. Son immobilité permit à un chasseur tyrolien, caché derrière une haie, de le viser; il reçut un coup de carabine à très peu de distance. Faisant appel à toute son énergie, il essaye de se soutenir et de persuader à ceux qui l'accompagnent que ce n'est rien; mais la souffrance le trahit : il marche encore quelques pas et tombe entre les bras de ceux qui viennent au-devant de lui.

La fatale nouvelle se propage en un moment dans toute l'armée, et y répand une profonde consternation. Les soldats quittent leurs rangs pour venir le contempler une dernière fois. Jourdan accourt à

Combat du pont de Lavis
(5 septembre 1796).

sa rencontre ; il le voit porté sur les bras de plusieurs grenadiers qui fondaient en larmes, lui-même ne peut se contenir, il l'embrasse en pleurant. Mais ce n'était pas le temps de pleurer : il fallait pour le moment refouler sa tristesse et sauver l'armée. Jourdan prend aussitôt le commandement de l'arrière-garde et continue le mouvement de retraite, il ne quitte les troupes de Marceau qu'après les avoir posées à la droite du corps de Bernadotte.

Le général en chef vint de nouveau rendre visite au guerrier expirant. Dans la précipitation du moment, il n'avait pu se renseigner sur la gravité de la blessure. Il espérait que des soins assidus et le robuste tempérament du jeune homme triompheraient du mal, et que, après une convalescence plus ou moins longue, on le reverrait encore à la tête de sa division. Il apprit à son retour que le mal était sans remède. Cet avis des médecins ne fut pas plus tôt connu de l'armée que la douleur éclata dans tous les régiments.

En contemplant leur compagnon d'armes sur le point d'expirer à la fleur de l'âge, d'une manière si tragique, ils étaient assaillis d'un immense chagrin, mais ils faisaient des efforts pour se contenir. Néanmoins, la nature prenait souvent le dessus, et des sanglots mal comprimés s'échappaient de leurs poitrines. Alors le mourant les consolait, il leur disait de modérer leur tristesse, de réserver toute leur énergie pour l'armée et de ne pas trop s'apitoyer sur son sort : pourquoi le plaindre ? N'était-il pas heureux, puisqu'il mourait pour son pays ?

Cependant, on ne pouvait demeurer plus longtemps à Altenkirchen sans compromettre le salut de l'armée. La tristesse fut au comble quand les médecins déclarèrent qu'on ne pouvait transporter le malade sans le tuer immédiatement. Ses camarades lui dirent un dernier adieu, et l'abandonnèrent à la générosité de l'ennemi. Le général en chef laissa auprès de lui deux officiers d'état-major, et une lettre pour les généraux autrichiens. Le lendemain, à leur entrée dans la ville, les Autrichiens le trouvèrent agonisant. Un capitaine de hussards et le général Haddick furent les premiers qui lui rendirent visite ; le général Kray vint un peu plus tard. Il s'était souvent rencontré sur le champ de bataille avec Marceau. Le vénérable vieillard ne put retenir ses larmes en voyant son émule dans une si triste position. Il lui pressa les mains dans une longue et douloureuse étreinte, et le considéra longtemps avant de pouvoir lui parler. Les officiers et les hussards de Blankestein et de Bruco se firent représenter par une députation ; l'archiduc Charles vint à son tour exprimer au héros français la peine qu'il éprouvait de sa blessure, et, poussant l'intérêt aux dernières limites, il engagea son propre chirurgien à s'unir aux médecins français pour le sauver. Tous les efforts furent vains ! Marceau expira la nuit suivante, laissant aux siens et à l'ennemi l'exemple d'une vie sans tache.

Les officiers demeurés auprès de lui demandèrent et obtinrent la permission d'emporter avec eux ses dépouilles mortelles. Un nombreux détachement de cavalerie autrichienne les escorta jusqu'aux avant-postes et les deux armées ne se battirent point ce jour-là. En remettant le corps aux mains des Français, les envoyés de l'archiduc s'informèrent du temps où devaient se faire les funérailles. Les deux armées restèrent dans leurs cantonnements, et l'artillerie autrichienne, répondant d'heure en heure aux salves d'artillerie française, prenait sa part au deuil ! Tant il est vrai qu'un noble cœur n'a point de patrie, et que l'humanité entière s'y intéresse.

L'année suivante (23 septembre 1797), on exhuma le corps de Marceau, on le porta à Petersberg, et on l'incinéra solennellement en présence de toute l'armée. Ses cendres, recueillies dans une urne de marbre, furent déposées dans un tombeau en forme de pyramide construit sur les plans de Kléber, et où on avait inscrit les légendes suivantes : « L'armée de Sambre-et-Meuse au général Marceau. — Qui que tu sois, ami ou ennemi, respecte les cendres d'un héros ! »

Les cendres de Marceau furent, depuis, ramenées en France, et déposées au Panthéon, le 4 août 1889.

MASSÉNA

ARCOLE

Vainqueur à Lonato, le 3 août 1796 et le 5 à Castiglione, Bonaparte écrivait le 8, au Directoire, que l'armée autrichienne avait disparu comme un songe et que l'Italie était tranquille. Wurmser venait de l'évacuer, y laissant 90 canons et 25.000 hommes tués ou pris. Marmont écrivait à son père : « Depuis huit jours je n'ai pas dormi quatre heures. Nous n'avons plus d'ennemis à combattre et nous allons bien, je l'espère, profiter de nos triomphes. »

Les soldats de Bonaparte égalent la hardiesse et l'agilité des chasseurs des Alpes. Ils gravissent de rochers en rochers le sommet des montagnes, d'où ils font un feu plongeant sur l'ennemi. Quelle rapidité ! Que d'exploits ! Le 4 septembre, victoire de Roveredo ! Le 5, entrée à Trente et prise du pont de Lavis, poursuite de Wurmser dans les gorges de la Brenta ; enlèvement du défilé de Primolano ; victoire de Bassano, le 8 septembre ; deux heures après, le vainqueur écrit au Directoire : « En six jours, nous avons livré deux batailles et quatre combats ; nous avons pris à l'ennemi 21 drapeaux ; nous lui avons fait 16.000 prisonniers, parmi lesquels plusieurs généraux ; le reste a été tué, blessé et éparpillé. Nous avons dans ces six jours, nous battant toujours dans des gorges inexpugnables, fait quarante-cinq lieues, pris 70 pièces de canon avec leurs caissons, leurs attelages, une grande partie du parc de l'armée et des magasins considérables. »

Le 10 septembre, il est à Montebello ; le 15, il oblige Wurmser à se réfugier dans Mantoue. Depuis ce moment jusqu'à l'arrivée d'Alvinzi sur la Brenta et sur l'Adige, dans les premiers jours de novembre, il y a, au point de vue militaire, un répit de cinq ou six semaines.

L'Autriche cependant ne pouvait consentir à laisser l'Italie aux Français sans tenter un dernier effort. Ses succès en Allemagne lui donnaient bon espoir; ses partisans en Italie relevaient la tête; Venise lui offrait, non plus seulement le passage sur son territoire, mais ses arsenaux et ses magasins; les États de Naples et de l'Église n'attendaient que l'occasion pour ressaisir les armes; tout présageait un succès rapide et certain. Ce fut dans ces circonstances que le feld-maréchal Alvinzi arriva dans le Frioul avec 40.000 hommes, pour rallier le corps de Powidowich, marcher avec lui à la délivrance de Mantoue, et, à la tête d'une armée de 80.000 hommes, chasser les 36 ou 38.000 qui composaient l'armée française.

On était en novembre; la saison devenait mauvaise; les troupes, harassées de fatigue, succombaient, minées par la fièvre; les chemins étaient détrempés; l'artillerie ne pouvait manœuvrer, et l'on allait se mesurer avec une nouvelle armée qui n'avait rien souffert, fortement organisée, abondamment pourvue de vêtements, d'ustensiles et de chevaux. La plupart des officiers généraux voyaient s'ouvrir sous de mauvais auspices cette nouvelle campagne. Dans l'incertitude où il était du plan que suivrait le général autrichien, Bonaparte fut contraint de diviser ses troupes et d'en faire comme une longue ligne d'observation, sauf à les concentrer ensuite, quand le dessein de l'ennemi lui serait connu.

Le corps de blocus de Mantoue, commandé par le général Kilmaine, fort de 8.340 hommes, était distribué dans les postes de Saint-Georges, Pradella et la Favorite. La division Augereau, composée de 8.000 hommes, était en ligne sur l'Adige; celle de Masséna, de 9.000 hommes environ, était sur la Brenta, en observation du corps principal d'Alvinzi, de Bassano à Trévise; celle de Vaubois gardait le Tyrol avec 10.000 hommes; la réserve d'infanterie et de cavalerie aux ordres des généraux Macquart et Beaumont, formant ensemble 3.700 hommes, était postée aux environs de Brescia.

Les deux armées en vinrent aux mains dans la journée du 6,

BATAILLE D'ARCOLE
(16 et 17 novembre 1796).

sur deux points différents, sur la Brenta et sur le haut Adige. La première action nous fut favorable; l'avant-garde autrichienne et trois divisions furent rejetées sur la rive gauche de la rivière, et Quasdanowich sur Bassano, après une lutte sanglante. Vaubois fut moins heureux sur le Lavis : il avait été chassé de ses positions, et s'était retiré à Caliano. L'ennemi vint l'y attaquer. L'avantage était aux Français, quand le cri de « sauve qui peut ! » poussé on ne sait par qui fait fuir les soldats à l'éperdue. Ce fait extraordinaire pouvait avoir sur l'armée une influence désastreuse, s'il restait impuni : les troupes n'étaient déjà que trop portées au découragement à la vue de cette campagne sans fin contre un ennemi que l'on détruisait toujours et qui paraissait renaître de sa cendre.

En arrivant à Rivoli, où il rencontra la division Vaubois, Bonaparte infligea à sa manière le châtiment le plus pénible que pussent recevoir les fuyards. « Soldats, dit-il, je ne suis pas content de vous; vous n'avez montré ni discipline, ni constance, ni bravoure; aucune position n'a pu vous rallier; vous vous êtes laissé chasser de positions où une poignée de braves doit arrêter une armée. Soldats de la 39ᵉ et de la 85ᵉ, vous n'êtes pas des soldats français. Général chef d'état-major, faites écrire sur les drapeaux : *Ils ne sont plus de l'armée d'Italie.* »

A la vue de ce mécontentement, les soldats rentrent en eux-mêmes et déplorent leur faiblesse; ils entourent Bonaparte, lui disent qu'ils s'étaient battus un contre trois, lui montrent leurs blessures, leurs habits souillés ou déchirés par le fer, et lui demandent en grâce d'être placés en avant de l'armée : il verra, de la sorte, qu'ils ne sont pas indignes de lui, et que cette déplorable retraite devait être taxée beaucoup moins de lâcheté que de surprise. En entendant ces mots, Bonaparte se laisse fléchir par leur douleur; il leur adresse même des paroles bienveillantes, qui tempèrent sa précédente sévérité. Ce fait, répandu dans l'armée, la disposa à frapper de nouveaux coups plus terribles.

Une autre épreuve survint peu de jours après. Alvinzi avait pris possession des hauteurs de Caldiero, à trois lieues de Vérone, et menaçait le centre de l'armée française. Cette place était de la plus haute importance : si jamais elle tombait au pouvoir de l'ennemi, c'en était fait du reste de la campagne, puisqu'il n'y avait que huit ou neuf lieues à franchir pour être sous les murs de Mantoue, et qu'une attaque simultanée de Wurmser et d'Alvinzi aurait pour effet inévitable d'unir les deux armées. Le début de l'action fut avantageux aux Français : Augereau déposta les Autrichiens du village, et Masséna, les ayant tournés sur leur droite, leur enleva 5 pièces de canon. Ce brillant succès ne fut pas de longue durée. Le vent du nord soufflait depuis le matin avec violence, et la pluie s'était changée insensiblement en grésil, qui tombait à larges ondées sur le visage des soldats. Transis de froid et imbibés d'eau, ces malheureux troupiers perdirent le terrain gagné le matin, et cette lutte stérile jeta les troupes dans l'abattement.

Quand ils furent réunis le soir pour prendre leur repas, les soldats exhalèrent des plaintes amères : « Quand donc en finira-t-on avec ces éternelles campagnes, et quand nous sera-t-il donné de jouir en paix de nos travaux? Après avoir détruit deux armées dirigées contre nous, il nous a fallu détruire encore celles qui étaient opposées aux troupes du Rhin. A Beaulieu a succédé Wurmser, à Wurmser succède Alvinzi : la lutte se renouvelle chaque jour. Nous ne pouvons pas faire la tâche de tous. Ce n'est pas à nous à combattre Alvinzi : si chacun avait fait sa tâche comme nous, la guerre serait finie. Encore, ajoutaient-ils, si l'on nous donnait des secours proportionnés à nos périls! mais on nous abandonne au fond de l'Italie, on nous laisse seuls aux prises avec deux armées innombrables; et quand, après avoir versé notre sang dans des milliers de combats, nous serons ramenés des Alpes, nous reviendrons sans honneur et sans gloire, comme des fugitifs qui n'auraient pas fait leur devoir. »

Ces discours affligeaient Bonaparte : il sentait tout ce qu'il y

Thévenin.
LE GÉNÉRAL AUGEREAU AU PONT D'ARCOLE
(15 novembre 1796).

avait de fondé dans les plaintes de ses soldats, et son mécontentement égalait le leur. Il écrivit le lendemain au Directoire, pour lui communiquer son chagrin et ses appréhensions. « Tous nos officiers supérieurs », disait-il, « tous nos généraux d'élite sont hors de combat ; l'armée d'Italie, réduite en une poignée d'hommes, est épuisée. Les héros de Millesimo, de Lodi, de Castiglione, de Bassano, sont morts pour leur patrie ou sont à l'hôpital : il ne reste plus aux corps que leur réputation et leur orgueil. Joubert, Lannes, Lamare, Victor, Murat, Charlot, Dupuis, Rampon, Pigeon, Menard, Chabrand, sont blessés. Nous sommes abandonnés au fond de l'Italie. Ce qui me reste de braves voit la mort infaillible, au milieu de chances si continuelles et avec des forces inférieures. Peut-être l'heure du brave Augereau, de l'intrépide Masséna est près de sonner. Alors! alors que deviendront ces braves gens? Cette idée me rend réservé : je n'ose plus affronter la mort, qui serait un sujet de découragement pour qui est l'objet de mes sollicitudes. Si j'avais reçu la 83ᵉ, forte de 3.500 hommes connus de l'armée, j'aurais répondu de tout. Peut-être, sous peu de jours, ne sera-ce pas assez de 40.000 hommes! »

Quoiqu'il fût pénétré de tristesse, personne dans son entourage ne le devinait ; il affectait, au contraire, la plus grande sécurité, et répondait aux plaintes de son armée par des paroles d'encouragement : il fallait faire un nouvel effort, ce serait le dernier. Alvinzi détruit, l'Autriche serait épuisée à jamais, l'Italie délivrée, et la gloire de l'armée immortelle : courage donc! un dernier sacrifice! c'est pour le pays.

Cet entretien touchant de l'armée et de son chef remonta le moral des troupes ; les nobles accents de Bonaparte allèrent remuer tous les cœurs. A la nouvelle des derniers échecs, les malades, les blessés, ont voulu sortir de l'hôpital, quoique mal guéris, et sont venus se ranger dans les rangs, leurs blessures encore toutes sanglantes. Ils sont là, leur présence héroïque remplit l'armée des plus vives émotions. Voici les colonnes qui se mettent en marche, traversent rapidement Vérone, sortent avec mystère par la porte désignée sous le nom de porte de Milan, et vont se former sur la rive droite de l'Adige. Moment solennel, plein d'angoisses! Où vont les guerriers de Bonaparte? Ils n'en savent rien. L'heure à laquelle ils sont partis, la position qu'ils viennent de prendre sur la rive droite, et non sur la rive gauche du fleuve, le silence qu'on garde, contre l'habitude constante d'apprendre, par l'ordre du jour, qu'on va se battre, la situation des affaires, tout enfin donne à croire qu'on est en pleine retraite. Vont-ils donc, ces soldats intrépides, vont-ils abandonner l'Italie, terre promise, où ils avaient acquis tant de gloire? Les héros de tant de combats seraient-ils des fugitifs? Ces hommes qui ne vivent que pour et par la gloire sont dans une anxiété indescriptible. Eux qui aiment le danger pour le danger, qui s'enivrent de l'odeur de la poudre, ils ne peuvent se résigner à l'idée qu'ils ne livreraient pas bataille, quand il y a encore des cartouches au fond de leurs gibernes, des baïonnettes au bout de leurs fusils. Ces hommes qui ont effacé du dictionnaire le mot *impossible*, qui n'admettent ni obstacles ni supériorité numérique, veulent à tout prix combattre, fût-ce même dans les plus mauvaises conditions. Le hasard les tente. Ils aiment la guerre comme les joueurs aiment le jeu.

Informé peut-être de l'état de découragement où se trouvait l'armée française, Alvinzi avait pris la résolution d'en finir d'un coup avec elle, en attaquant Vérone. Dès le 14 novembre, il fit ses préparatifs, transporta ses échelles en vue de la ville, rappela les corps disséminés, et désigna les douze bataillons qui commenceraient l'escalade. Si ce projet réussissait, les Français seraient rejetés au-delà de l'Adige, et l'armée autrichienne ne rencontrerait plus d'obstacles insurmontables. Bonaparte, croyant que le danger pressait, envoya dire à Vaubois de tenir jusqu'à la dernière extrémité dans la position qu'il occupait à la Corona, détacha un corps de 3.000 hommes du blocus de Mantoue, et les appela à Vérone pour garder la ville. Il laissa les troupes dans l'ignorance de ce qu'il allait faire, et il ne

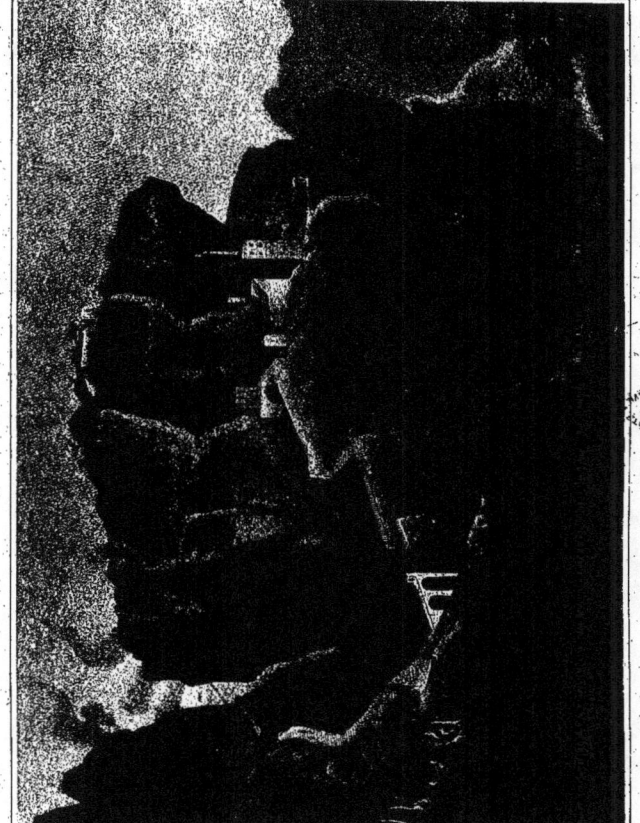

Combat dans le défilé de la Madona della Corona
(14 janvier 1797).

Bagetti.

parut pas d'ordre du jour. Au milieu de la nuit, les divisions Masséna et Augereau prennent les armes en silence, et se dirigent du côté au-delà du fleuve. La tristesse était grande au cœur des guerriers : quelle fâcheuse nouvelle était donc parvenue pour qu'on leur fît prendre les armes à une pareille heure et tourner le dos à l'ennemi? Ainsi le siège de Mantoue était levé, l'Autriche victorieuse et l'Italie perdue : la bravoure déployée depuis si longtemps n'a donc servi qu'à prolonger la misère, à moissonner les plus braves? Mais, quand, au lieu de suivre la route de Peschiera, l'armée prend tout à coup la gauche, longe l'Adige, arrive avant le jour à Ronco; quand elle y trouve Andréossy achevant d'y jeter un pont; quand, aux premiers rayons du soleil, elle se voit avec étonnement, par un simple à gauche, sur l'autre rive de l'Adige, elle tressaille de joie. « Non, s'écrient les soldats, nous ne battons pas en retraite. Ne pouvant enlever Caldiero, nous le tournons. Avec 12.000 hommes, nous ne pourrions rien, en plaine, contre 45.000. Notre général nous mène sur des chaussées, dans de vastes marais, où le nombre ne sera plus rien, mais où le courage des têtes de colonnes sera tout. En avant ! » Alors, comme il est dit dans le *Mémorial de Sainte-Hélène*, « l'espoir de la victoire ranime tous les cœurs; chacun promet de se surpasser, pour seconder un plan si beau et si hardi ». Bonaparte, en regardant les éclairs qui brillaient dans les yeux de ses soldats, à l'approche d'une bataille de géants, se dit qu'avec de tels hommes on peut tout espérer. Nous allons maintenant assister à cette grande lutte de trois jours, un des plus prodigieux efforts de courage qu'une armée ait jamais pu faire.

Là commencent ces fameux marais que les exploits des Français devaient rendre si célèbres. Sur l'étendue de plusieurs lieues, ce n'est qu'un sol fangeux, sans consistance, sillonné de ruisseaux qui interdisent toute circulation, coupé de loin en loin par de longues bandes spongieuses tout à fait impraticables. Pour communiquer les uns avec les autres, les habitants des bords de l'Adige et de l'Alpon ont élevé plusieurs digues ou chaussées, qui serpentent dans cet immense labyrinthe. Deux seules peuvent, à proprement parler, porter le nom de routes : la première mène de Ronco sur Arcole et San-Bonifacio, en suivant la rive droite de l'Alpon ; la seconde, à gauche, suit l'Adige de Ronco à Bionde, et s'enfonce ensuite en plein marais sur Porcil et Gombione.

En choisissant ce triste champ de bataille, Bonaparte avait cédé à deux raisons majeures : le passage d'Arcole lui permettait de tomber à l'improviste sur les derrières de l'ennemi ; et, en cas de résistance, l'armée autrichienne perdait l'avantage du nombre, en combattant dans un espace resserré, où l'on ne pourrait déployer de front qu'une ligne fort restreinte. L'Adige fut passé à Ronco sur un pont improvisé, et les deux divisions s'élancèrent aussitôt sur les chaussées, Augereau vers Arcole, Masséna dans la direction de Porcil : des deux côtés l'on arrivait à la route de Vérone à Vicence, au-dessus et au-dessous de Caldiero. Augereau se porta aussi rapidement qu'il lui fut possible sur Arcole; mais le jour était arrivé, et, quand sa tête de ligne déboucha en face du pont, elle fut accueillie par une fusillade meurtrière, que renforça bientôt le canon.

Alvinzi se préparait à donner l'assaut à Vérone quand il entendit ces décharges. Il s'imagina tout d'abord que ce n'était, de la part des Français, qu'une fausse attaque destinée à l'inquiéter ; mais, en apprenant qu'une grande partie de leur armée y était, il envoya six bataillons contre Masséna sur Porcil, quatorze bataillons et seize escadrons sur San-Bonifacio et Arcole. Il donna en même temps l'ordre de porter ses parcs de Caldiero à Montebello, pour les soustraire à un coup de main.

Les troupes d'Augereau s'acharnaient en vain à franchir le pont d'Arcole : elles étaient cruellement décimées, et chaque décharge renversait ceux qui s'étaient aventurés sur cet étroit passage. Cependant, il était urgent d'en finir avant l'arrivée des renforts autrichiens. Les généraux donnèrent l'exemple : ils se mirent en tête de la

Général Joubert

colonne et s'avancèrent au milieu des projectiles. Une effroyable décharge vomit sur eux des tonneaux de mitraille. Lannes, déjà blessé, est atteint à deux endroits; les généraux Verdier, Bon, Verne, sont mis hors de combat; les grenadiers reculent. Au-dessus de toute crainte et bravant le danger, Augereau saisit un drapeau et le porte en avant : personne ne le suit. Bonaparte apparaît à son tour : « Soldats, crie-t-il d'une voix terrible, vous n'êtes plus les guerriers de Lodi? Qu'est devenue votre intrépidité ? » Sa présence ranime le courage, les grenadiers s'avancent tête baissée; ils sont reçus par un feu destructeur et reculent instinctivement, malgré leur détermination de vaincre ou de mourir. Le moment devenait critique; l'attaque pouvait se changer en déroute. Bonaparte regardait de l'autre côté de l'Alpon, s'attendant de minute en minute à voir paraître le général Guyeux, qu'il avait envoyé passer l'Adige à Albaredo, au-dessous de la jonction de ce fleuve avec l'Alpon. Rien n'apparaissait, et les Autrichiens continuaient de couvrir le pont de mitraille.

Il était pourtant nécessaire de lutter, si l'on ne voulait pas être noyé dans les marécages. Bonaparte descend de cheval, prend un drapeau et s'élance sur le pont. On le suit, on brave la mitraille, on arrive à deux cents pas du pont; on est sur le point de le franchir lorsqu'un chef de bataillon, saisissant Bonaparte par le corps, s'écrie : « Mon général, vous allez vous faire tuer, et, si vous êtes tué, nous sommes perdus; vous n'irez pas plus loin. » Alors on recule. Les soldats, qui ne veulent point se dessaisir de leur général, le prennent par les bras, les cheveux, les habits, et l'entraînent dans une fuite au milieu des morts, des mourants, de la fumée. Dans ce tumulte, et sans s'en apercevoir, ils le jettent à droite, dans le marais, et le perdent de vue. Les Autrichiens sont là. Heureusement ils ne le reconnaissent pas. Un cri se fait entendre : « Soldats, en avant pour sauver le général ! » Marmont, Louis Bonaparte et quelques braves accourent. Ils arrachent le général en chef de la vase épaisse où il était plongé; ils le font remonter à cheval et se précipitent sur l'ennemi, qui finit, à la nuit tombante, par évacuer Arcole et se retirer sur San-Bonifacio.

« Cette journée, est-il dit dans le *Mémorial de Sainte-Hélène*, fut celle du dévouement militaire. Le général Lannes était accouru de Milan ; il avait été blessé à Governolo ; il était encore souffrant dans ce moment. Il se plaça entre l'ennemi et Napoléon, le couvrit de son corps et reçut trois blessures, ne voulant jamais le quitter. Muiron, aide de camp du général en chef, fut tué, couvrant de son corps son général. Mort héroïque et touchante. »

Le général Guyeux arriva peu de temps après, engagea avec l'ennemi une fusillade assez vive, et le chassa difficilement d'Arcole. Plus heureux, Masséna avait, pendant cette lutte stérile, expulsé l'ennemi de Bionde sur Porcil, et de Porcil sur Caldiero.

La nuit approchait, et les Autrichiens revenaient en force pour reprendre Arcole. Bonaparte fit retirer ses troupes sur la rive droite de l'Adige, autour du village de Ronco, et laissa Augereau et Masséna en observation, pour surveiller la rive gauche et conserver le passage de la rivière. L'attaque avait échoué, mais de grands résultats avaient été obtenus néanmoins : Vérone était hors de danger, et la jonction d'Alvinzi avec Davidowich retardée.

La lutte fut reprise le lendemain, au lever du jour. Les divisions passèrent l'Adige dans le même ordre que la veille, et se dirigèrent chacune vers le poste qu'elle occupait. L'ennemi les avait prévenues en se portant en avant de Porcil et d'Arcole. Masséna culbuta les Autrichiens à la première rencontre ; Augereau tenta en vain de forcer le pont d'Arcole. Il y perdit inutilement un grand nombre d'officiers. Ce nouvel échec persuada au général en chef qu'il devait choisir un autre passage. Il envoya l'adjudant général Vial sonder Alpon, dans l'espoir d'y rencontrer un gué où la cavalerie pût se hasarder sans trop de danger ; n'en trouvant pas, on se mit à l'œuvre avec des fascines pour établir un passage quelconque. Cette tentative fut également inutile : le courant entraîna les premières fascines

Combat d'Arcole (14 janvier 1797).

et les porta dans l'Adige. Il fallut alors recommencer d'une autre manière, et former, sous le feu meurtrier des tirailleurs ennemis, un pont de chevalets. Plusieurs officiers de l'état-major furent tués ou blessés à cette besogne.

Pendant que s'achevaient ces préparatifs, Alvinzi avait pensé à se débarrasser d'Augereau, en envoyant sur la rive droite de l'Alpon une forte colonne qui, partie de San-Bonifacio, devait le prendre de flanc à l'attaque du pont. Cette manœuvre pouvait produire un effet désastreux : elle fut arrêtée à mi-chemin par quatre pièces de canon qui enfilèrent la chaussée et en rendirent l'accès impossible. Ce fut le travail du deuxième jour. Les armées passèrent la nuit dans la même position que la veille.

Le lendemain devait décider du sort de la bataille : les deux armées furent sur pied avant le jour. Masséna se dirigea sur Porcil avec une demi-brigade de ligne, laissant le reste de sa division en intermédiaire, pour se porter rapidement où besoin serait. Augereau devait passer l'Alpon et attaquer les Autrichiens sur la rive gauche, de concert avec deux bataillons de la garnison de Legnagno; le général Robert fut envoyé sur Arcole avec la 75ᵉ demi-brigade; le général Gardanne, posté dans le bois, à droite de la ligne, à l'angle formé par la jonction des deux fleuves, avait pour mission de tirailler sur les Autrichiens, s'ils s'avançaient jusqu'au pont de Ronco.

Tout alla bien au début. La brigade Robert chassa jusqu'au pont d'Arcole l'avant-garde autrichienne; mais elle y fut si mal reçue qu'elle se replia en désordre. Les Autrichiens la poursuivaient imprudemment, et déjà ils comptaient l'emporter, quand ils furent attaqués de front sur la digue par la 19ᵉ légère, qui les attendait, et pris de flanc par Gardanne, qui déboucha tout à coup, sans avoir été aperçu. On en reprit avec plus d'énergie. En entendant que le combat s'échauffait sur ce point, Masséna se hâta d'y accourir; il tomba sur la queue de la colonne autrichienne. Pressée sur trois points, elle renonce à se défendre : une partie est jetée dans les marais; le reste est décimé sur la digue par une fusillade meurtrière. Plus de 3.000 hommes furent faits prisonniers.

L'affaire n'avait pas moins réussi sur la rive gauche de l'Alpon, où Augereau luttait contre le corps principal des forces autrichiennes. Le succès fut surtout le résultat de la ruse. Se souvenant qu'il n'y a rien de terrible pour une armée en bataille comme l'apparition subite d'un corps ennemi sur ses derrières, Bonaparte chargea un lieutenant des guides de prendre vingt-cinq chevaux, de tourner le marais sur lequel l'ennemi appuyait son flanc droit, et de faire sonner la charge par plusieurs trompettes à la fois. Le lieutenant Hercule exécuta cette mission avec sagacité. Sa présence imprévue au-delà des marais occasionna un trouble considérable dans les rangs autrichiens. Augereau redouble de vigueur et parvient à enfoncer la ligne ennemie. La retraite s'effectuait avec assez d'ordre, lorsque les deux bataillons de Legnago débouchèrent inopinément de San-Gregorio. Cette circonstance changea la retraite en fuite précipitée. La bataille était enfin gagnée, et le général autrichien porta son quartier général à Montebello (17 novembre)

La retraite des Autrichiens permit à Bonaparte de secourir la division Vaubois qui, en présence de forces plus nombreuses, avait reculé de Corona à Rivoli, de Rivoli à Compara, de Compara à Castelnuovo. Il était à craindre que la réunion d'Alvinzi au corps de Davidowich ne mît en l'air cette armée déjà si fort éprouvée, et ne l'acculât contre les rives du lac, au nord de Peschiera, noyât ou détruisît à Compara les régiments d'Ehrbach et de Lattermann, et contraignît le général autrichien à battre en retraite, pour n'être pas coupé par Augereau, qui était parvenu sur les hauteurs de Dolce. Cette rapide expédition termina la campagne. Alvinzi établit son campement sur la Brenta, depuis Trente jusqu'à Padoue, ayant son centre à Bassano; Bonaparte renvoya Kilmaine sous les murs de Mantoue, mit son armée sur l'Adige et se retira à Milan, pour donner ses soins à la politique intérieure de l'Italie.

BATAILLE DE RIVOLI
Défense de l'armée française à Rivoli (13 janvier 1797).

C'est après la bataille d'Arcole, dans la nuit du 17 au 18 novembre, qu'eut lieu le fait suivant, si connu et si souvent raconté. Bonaparte, toujours infatigable, parcourait son camp, sous un vêtement fort simple et qui ne décelait point le général en chef, à l'effet d'examiner par lui-même si les fatigues de trois journées aussi pénibles n'avaient rien fait perdre aux soldats de leur respect pour la discipline et de leur vigilance sur les mouvements de l'ennemi. Il trouve une sentinelle endormie, lui enlève avec précaution, et sans l'éveiller, son fusil, et fait la faction à sa place. Le soldat ouvre les yeux quelque temps après; se voyant désarmé, et reconnaissant son général, il s'écrie : Je suis perdu ! « Rassure-toi, lui dit Bonaparte avec douceur; après tant de fatigues, il peut être permis à un brave tel que toi de succomber au sommeil ; mais une autre fois, choisis mieux ton temps. »

La nouvelle de la victoire d'Arcole et des derniers événements qui l'avaient suivie fut portée à Paris par le chef de bataillon Limarrois, aide de camp du général en chef Bonaparte. Il était chargé de présenter au Directoire 4 drapeaux enlevés à la colonne autrichienne si complètement écrasée sur la chaussée d'Arcole le 17.

Le Gouvernement et les citoyens accueillirent avec enthousiasme ces nouveaux trophées de la valeur française, et, sur la proposition du Directoire, le Corps législatif décréta : « que les drapeaux républicains portés à la bataille d'Arcole contre les bataillons ennemis, par les généraux Bonaparte et Augereau, leur seraient donnés à titre de récompense par la nation. »

RIVOLI

Alvinzi, retiré dans le Tyrol, avait été renforcé de 20.000 hommes, dernier effort de la monarchie autrichienne pour conserver l'Italie. La garnison de Vienne avait marché tout entière, et la capitale elle-même avait fourni 4.000 volontaires, jeune élite plus vaillante qu'expérimentée. L'attaque principale devait se faire par le haut Adige, avec 45.000 hommes sous les ordres d'Alvinzi. Une attaque accessoire, et indépendante de la première, aurait lieu avec 20.000 hommes à peu près, sous les ordres de Provera, pas le bas Adige, dans le but de communiquer avec Mantoue et avec la Romagne.

Trois routes sortent des montagnes du Tyrol. Celle qui tourne derrière le lac de Garda avait été négligée depuis l'affaire de Castiglione; on tenait maintenant les deux autres. L'une, circulant entre l'Adige et le lac de Garda, passait à travers les montagnes qui séparent le lac du fleuve, et y rencontrait la position de Rivoli; l'autre longeait extérieurement le fleuve, et allait déboucher dans la plaine de Vérone, en dehors de la ligne française. Alvinzi choisit celle qui passait entre le fleuve et le lac, et qui pénétrait dans la ligne française. C'est donc sur Rivoli que devaient se diriger ses coups.

Voyons la narration si vivante de Thiers :

Le 12 janvier 1797, Alvinzi attaqua Joubert, qui tenait toutes les positions avancées, et le resserra sur Rivoli. Le même jour, Provera poussait deux avant-gardes, l'une sur Vérone, l'autre sur Legnago, par Caldiero et Bevilaqua. Masséna, qui était à Vérone, en sortit, **culbuta l'avant-garde qui s'était présentée à lui, et fit 900 pri-**

Bataille de Rivoli
(14 janvier 1797).

sonniers. Bonaparte y arrivait de Bologne dans le moment même. Il fit replier toute la division dans Vérone, pour la tenir prête à marcher. Dans la nuit, il apprit que Joubert était attaqué et forcé à Rivoli ; qu'Augereau avait vu, devant Legnago, des forces considérables. Il ne pouvait juger encore le point sur lequel l'ennemi dirigeait sa principale masse. Il tint toujours la division Masséna prête à marcher, et ordonna à la division Rey, qui était à Dezenzano, et qui n'avait vu déboucher aucun ennemi par derrière le lac de Garda, de se porter à Castelnuovo, point le plus central entre le haut et le bas Adige. Le lendemain 13 janvier 1797, les courriers se succédèrent avec rapidité. Bonaparte apprit que Joubert, attaqué par des forces immenses, allait être enveloppé, et qu'il devait à l'opiniâtreté et au bonheur de sa résistance de conserver encore le plateau de Rivoli ; Augereau lui mandait, du bas Adige, qu'on se fusillait le long des deux rives, sans qu'il se passât aucun événement important. Bonaparte n'avait guère devant lui à Vérone que 2.000 Autrichiens. Dès cet instant, il devina le projet de l'ennemi, et vit bien que l'attaque principale se dirigeait sur Rivoli. Il pensait qu'Augereau suffisait pour défendre le bas Adige ; il le renforça d'un corps de cavalerie, détaché de la division Masséna. Il ordonna à Serurier, qui bloquait Mantoue, de porter sa réserve à Villafranca, pour qu'elle fût placée intermédiairement à tous les points. Il laissa à Vérone un régiment d'infanterie et un de cavalerie, et il partit dans la nuit du 13 au 14 janvier, avec les 18ᵉ, 32ᵉ, 75ᵉ demi-brigades de la division Masséna, et 2 escadrons de cavalerie. Il manda à Rey de ne pas s'arrêter à Castelnuovo, et de monter tout de suite à Rivoli. Il devança ses divisions et arriva de sa personne à Rivoli à deux heures du matin. Le temps, qui était pluvieux les jours précédents, s'était éclairci. Le ciel était pur, le clair de lune éclatant, le froid vif. Bonaparte vit l'horizon embrasé des feux de l'ennemi. Il lui supposa 45.000 hommes, Joubert en avait 10.000 au plus : il était temps qu'un secours arrivât. L'ennemi s'était partagé en plusieurs corps. Le principal, composé d'une grosse colonne de grenadiers, de toute la cavalerie, de toute l'artillerie, des bagages, suivait sous Quasdanowich la grande route, entre le fleuve et le Monte-Baldo, et devait déboucher par l'escalier d'Incarnale. Trois autres corps, sous les ordres d'Ocshay, de Koblos et de Liptay, composés d'infanterie seulement, avaient gravi les croupes des montagnes et devaient arriver sur le champ de bataille en descendant les degrés de l'amphithéâtre que le Monte-Baldo forme autour du plateau de Rivoli. Un cinquième corps, sous les ordres de Lusignan, circulant sur le côté du plateau, devait venir se placer sur les derrières de l'armée française, pour la couper de la route de Vérone. Alvinzi avait enfin détaché un sixième corps, qui, par sa position, était tout à fait en dehors de l'opération. Il marchait de l'autre côté de l'Adige, et suivait la route qui, par Roveredo, Dolce et Vérone, longe le fleuve extérieurement. Ce corps, commandé par Wukassowich, pouvait tout au plus envoyer quelques boulets sur le champ de bataille, en tirant d'une rive à l'autre.

Bonaparte sentit sur-le-champ qu'il fallait garder le plateau à tout prix. Il avait en face l'infanterie autrichienne, descendant l'amphithéâtre sans une seule pièce de canon; il avait à sa droite les grenadiers, l'artillerie, la cavalerie, longeant la route du fleuve, et venant déboucher par l'escalier d'Incarnale sur son flanc droit. A sa gauche, Lusignan tournait Rivoli. Les boulets de Wukassowich, lancés de l'autre rive de l'Adige, arrivaient sur sa tête. Placé sur le plateau, il empêchait la jonction des différentes armes, il foudroyait l'infanterie privée de ses canons; il refoulait la cavalerie et l'artillerie, engagées dans un chemin étroit et tournant. Peu lui importait alors que Lusignan fît effort pour le tourner, et que Wukassowich lui lançât quelques boulets.

Son plan arrêté avec sa promptitude accoutumée, il commença l'opération avant le jour. Joubert avait été obligé de se resserrer pour n'occuper qu'une étendue proportionnée à ses forces, et il était à craindre que l'infanterie, descendant les degrés de Monte-Baldo, ne

BATAILLE DE RIVOLI
(14 janvier 1797).

CARLE VERNET.

vint faire sa jonction avec la tête de la colonne gravissant par Incarnale. Bonaparte, bien avant le jour, donna l'éveil aux troupes de Joubert, qui, après quarante-huit heures de combat, prenaient un peu de repos. Il fit attaquer les postes avancés de l'infanterie autrichienne, les replia et s'étendit plus largement sur le plateau.

L'action devint extrêmement vive. L'infanterie autrichienne, sans canons, plia devant la nôtre, qui était armée de sa formidable artillerie, et recula en demi-cercle vers l'amphithéâtre du Monte-Baldo. Mais un événement fâcheux arriva dans l'instant à notre gauche. Le corps de Liptay, qui tenait l'extrémité du demi-cercle ennemi, donne sur la gauche de Joubert, composée des 99ᵉ et 25ᵉ demi-brigades, les surprend, les rompt, et les oblige à se retirer en désordre. La 14ᵉ, venant immédiatement après ces deux demi-brigades, se forme en crochet pour couvrir le reste de la ligne, et résiste avec un admirable courage : les Autrichiens se réunissent contre elle, et sont près de l'accabler. Ils veulent surtout lui enlever les canons, dont les chevaux ont été tués. Déjà ils arrivent sur les pièces lorsqu'un officier s'écrie : « Grenadiers de la 14ᵉ, laisserez-vous enlever vos pièces ? » Sur-le-champ 50 hommes s'élancent à la suite du brave officier, repoussent les Autrichiens, s'attellent aux pièces et les ramènent.

Bonaparte, voyant le danger, laisse Berthier sur le point menacé, et part au galop pour Rivoli, afin d'aller chercher du secours. Les premières troupes de Masséna arrivaient à peine, après avoir marché toute la nuit. Bonaparte se saisit de la 32ᵉ, devenue fameuse par ses exploits durant la campagne, et la porte à la gauche, pour rallier les deux demi-brigades qui avaient plié. L'intrépide Masséna s'avance à sa tête, rallie derrière lui les troupes rompues, et renverse tout ce qui se présente à sa rencontre. Il repousse les Autrichiens, et vient se placer à côté de la 14ᵉ, qui n'avait cessé de faire des prodiges de valeur. Le combat se trouve ainsi rétabli sur ce point, et l'armée occupe le demi-cercle du plateau. Mais l'échec momentané de la gauche avait obligé Joubert à se replier avec la droite ; il cédait du terrain, et déjà l'infanterie autrichienne se rapprochait une seconde fois du point que Bonaparte avait mis tant d'intérêt à lui faire abandonner ; elle allait joindre le débouché par lequel le chemin tournant d'Incarnale aboutissait sur le plateau. Dans ce même instant, la colonne composée d'artillerie et de cavalerie, et précédée de plusieurs bataillons de grenadiers, gravissait le chemin tournant, et, avec des efforts incroyables de bravoure, en repoussait la 39°. Wukassowich, de l'autre rive de l'Adige, lançait une grêle de boulets pour protéger cette espèce d'escalade. Déjà les grenadiers avaient gravi le sommet du défilé, et la cavalerie débouchait à leur suite sur le plateau. Ce n'était pas tout : la colonne de Lusignan, dont on avait vu au loin les feux, et qu'on avait aperçue à la gauche tournant la position des Français, venait se mettre sur leurs derrières, intercepter la route de Vérone et barrer le chemin à Rey qui arrivait de Castelnuovo avec la division de réserve. Déjà les soldats de Lusignan, se voyant sur les derrières de l'armée française, battaient des mains et la croyaient prise. Ainsi, sur ce plateau, serré de front par un demi-cercle d'infanterie, tourné à gauche par une forte colonne, escaladé à droite par le gros de l'armée autrichienne, et labouré par les boulets de la rive opposée de l'Adige ; sur ce plateau, Bonaparte était isolé avec les seules divisions Joubert et Masséna, au milieu d'une nuée d'ennemis. Il était avec 16.000 hommes, enveloppé par 40.000 au moins.

Dans ce moment si redoutable, il n'était pas ébranlé ; il conserve toute la chaleur et la promptitude de l'inspiration. En voyant les Autrichiens de Lusignan, il dit : *Ceux-là sont à nous !* et il les laisse s'engager sans s'inquiéter de leur mouvement. Les soldats, devinant leur général, partagent sa confiance et disent aussi : *Ils sont à nous.*

Dans cet instant, Bonaparte ne s'occupe que de ce qui se passe devant lui. Sa gauche est couverte par l'héroïsme de la 14° et de la 32° ; sa droite est menacée à la fois par l'infanterie, qui a repris

Le général Joubert à la bataille de Rivoli
(14 janvier 1797).

l'offensive, et par la colonne qui escalade le plateau. Il ordonne sur-le-champ des mouvements décisifs. Une batterie d'artillerie légère, deux escadrons, sous deux braves officiers, Leclerc et La Salle, sont dirigés sur le débouché envahi. Joubert, qui, avec l'extrême droite, avait ce débouché à dos, fait volte-face avec un corps d'infanterie légère. Tous chargent ensuite avec vigueur. Joubert a son cheval tué, il se relève plus terrible, et s'élance sur l'ennemi un fusil à la main. Tout ce qui a débouché, grenadiers, cavalerie, artillerie, tout est précipité pêle-mêle dans l'escalier tournant d'Incarnale. Un désordre horrible s'y répand, quelques pièces, plongeant dans le défilé, y augmentent l'épouvante et la confusion. A chaque pas on tue, on fait des prisonniers. Après avoir délivré le plateau des assaillants qui l'avaient escaladé, Bonaparte reporte ses coups sur l'infanterie qui était rangée en demi-cercle devant lui, et jette sur elle Joubert avec l'infanterie légère, La Salle avec ses 200 hussards. A cette nouvelle attaque, l'épouvante se répand dans cette infanterie, privée maintenant de tout espoir de jonction; elle fuit en désordre. Alors toute notre ligne demi-circulaire s'ébranle de la droite à la gauche, jette les Autrichiens contre l'amphithéâtre du Monte-Baldo et les poursuit à outrance dans les montagnes. Bonaparte se reporte ensuite sur ses derrières, et vient réaliser sa prédiction sur le corps de Lusignan. Ce corps, en voyant les désastres de l'armée autrichienne, s'aperçoit bientôt de son sort. Bonaparte, après l'avoir mitraillé, ordonne à la 18ᵉ et à la 75ᵉ demi-brigade de le charger. Ces braves demi-brigades s'ébranlent en entonnant le *Chant du Départ*, et poussent Lusignan sur la route de Vérone, par laquelle arrivait Rey avec la division de réserve. Le corps autrichien résiste d'abord, puis se retire, et vient donner contre la tête de la division Rey. Épouvanté à cette vue, il invoque la clémence du vainqueur, et met bas les armes, au nombre de 4.000 soldats. On en avait pris déjà 2.000 dans le défilé de l'Adige.

Il était cinq heures et l'on peut dire que l'armée autrichienne était anéantie. Lusignan était pris; l'infanterie, qui était venue par les montagnes, fuyait à travers des rochers affreux ; la colonne principale était engouffrée sur le bord du fleuve; le corps accessoire de Wukassowich assistait inutilement à ce désordre, séparé par l'Adige du champ de bataille. Cette admirable victoire n'étourdit point la pensée de Bonaparte ; il songe au bas Adige, qu'il a laissé menacé ; il juge que Joubert avec sa brave division, et Rey, avec la division de réserve, suffiront pour porter les derniers coups à l'ennemi et pour lui enlever des milliers de prisonniers. Il rallie la division Masséna, qui s'était battue le jour précédent à Vérone, qui avait ensuite marché toute la nuit, s'était battue encore tout le jour du 14, et il part avec elle pour marcher encore toute la nuit qui va suivre, et voler à de nouveaux combats. Ces braves soldats, le visage joyeux et comptant sur de nouvelles victoires, semblent ne pas sentir les fatigues. Ils volent plutôt qu'ils ne marchent pour aller couvrir Mantoue, dont quatorze lieues les séparent.

Tout l'effort de la journée du 14 janvier a porté sur Joubert. Ce général en écrit ainsi à son père :

Au quartier général de Caprino, le 27 nivôse, l'an V de la République française
(16 janvier 1797).

Le général de division Joubert à son père

« Victoire ! Je viens de faire le plus beau coup qui se soit fait dans cette célèbre campagne. 22.000 hommes m'ont attaqué : le premier jour, j'ai résisté et repoussé l'avant-garde ennemie; le second, j'ai appris qu'une division me tournait. Je me suis replié sur ma réserve, et j'ai encore soutenu l'attaque de l'avant-garde ennemie. Le général en chef, peu instruit des mouvements de l'ennemi, croyait à une fausse attaque de mon côté ; je l'ai détrompé. Plein de confiance en moi, il est arrivé avec deux divisions à mon secours. Deux heures avant leur arrivée, le 4 (nivôse), au clair de lune et par un froid excessif,

Bataille de la Favorite (environs de Mantoue)
(16 janvier 1797).

nous avons fait la reconnaissance de l'armée ennemie qui se préparait à l'attaque de ma division, et, deux heures avant le jour, j'ai attaqué moi-même. La division Masséna n'a pu me soutenir qu'à huit heures du matin ; la division Rey a été en retard ; supposez un cercle d'ennemis et nous dedans, des déroutes et des charges pendant dix heures de suite ; et enfin, au moment où l'ennemi chantait déjà victoire, où je ne voyais plus de moyen de m'échapper, où tout l'état-major, Bonaparte et ses généraux allaient succomber, j'ordonne une charge. J'étais à pied, Berthier à cheval ; je lui fais part de mes mouvements ; la cavalerie part ; je suis à la tête de l'infanterie ; en un clin d'œil, de vaincus nous avons été complètement vainqueurs sur notre front. Bonaparte, avec son sang-froid, ordonne l'attaque des ennemis qui nous séparaient de la division Rey, qui n'avait pu nous rejoindre. Bientôt, tout est culbuté, et la journée du 25 est pour nous... Une balle a percé mon galon de chapeau, le chapeau, et froissé le galon de mon collet, sans me blesser. J'ai eu trois de mes adjudants généraux de brigade blessés, Mayer, Sandos et Lebley, et quatre officiers de mon état-major. Ma belle jument a été mise hors de service à la première heure de la bataille ; éloigné de mes domestiques, je me suis battu à pied le reste du jour. Je vous le répète, jamais si belle victoire. »

Joubert, dans cette bataille, redevint grenadier, chargea à pied, le fusil à la main, et reprit à la baïonnette les ouvrages de Rivoli.

C'est ainsi qu'il devait mourir deux années plus tard, à la bataille de Novi, le 15 août 1799. Ce n'est pas sortir de la période dont nous retraçons le récit, que de raconter cette fin héroïque.

L'armée française était formée en demi-cercle sur les pentes couvertes de vignes de Monte-Rotondo, qui dominent la plaine et la ville de Novi. La gauche, commandée par Pérignon, et formée des divisions Grouchy et Lemoine, était en avant de Pasturana. Elle avait à dos le ravin de Priasca, qui rendait ses derrières inaccessibles à l'ennemi. Saint-Cyr commandait le centre de l'armée qui couvrait les hauteurs à gauche et à droite de la ville de Novi. Moreau commandait l'aile droite, qui défendait les accès du Monte-Rotondo, du côté de la route de Tortone. L'armée de Joubert se tenait ainsi dans une position menaçante sur le flanc de l'Apennin.

Le 15 août, à cinq heures du matin, le général autrichien Kray commença l'attaque avec une extrême vigueur contre notre gauche. Déjà ses troupes prenaient place sur le plateau. Joubert, qui agissait depuis trois heures du matin, dirigeait les opérations au centre et à la gauche. Placé sur une hauteur, il voit la 20ᵉ demi-brigade accablée par les assaillants, par la faute d'un général de brigade qui ne se trouve pas à sa place. Joubert, dans une impatience des plus violentes, car il fallait à tout prix reprendre le plateau, part au galop à la tête d'un escadron de guides, et s'avance au milieu des bataillons pour les rallier ; il ordonne une charge à la baïonnette, et, entraîné par son ardeur, il marche en avant des troupes, son bras levé avec son épée dirigée vers l'ennemi. Mais, voyant que tout cède devant lui, il veut tourner bride pour revenir au centre de son armée, lorsqu'une balle le frappe au flanc droit, au-dessous de l'aisselle, casse la cinquième côte, et, tournant vers les vertèbres lombaires, y trouve une résistance qui la renvoie sur une oreillette du cœur. Joubert se sent frappé mortellement, mais il continue à montrer de sa main l'ennemi, en criant: « En avant! En avant! Marchez toujours! » et tombe de cheval. Étendu à terre, il dit à son aide de camp, Dave : « Tirez-moi par les jambes, prenez mon sabre et couvrez-moi. » Il était entre six et sept heures du matin.

L'adjudant général Duphot, attaqué à Bevilacqua par l'avant-garde de Provera, s'était retiré avec quelque perte sur Legnago. Le général autrichien, après cet avantage, s'avança vers l'Adige pour en tenter le passage. Il jeta un pont à Anghiari, à une lieue environ de Legnago, et, en même temps, quelques bateaux à Trichesola, afin de

Prise d'Ancône
(9 février 1797).

donner le change aux Français. Il posta également quelques troupes à Bonarigo, pour observer les postes qui se trouvaient vers Ronco.

Une petite avant-garde traversa d'abord la rivière, s'empara d'Anghiari, afin de protéger la construction du pont auquel on travailla de suite et avec beaucoup d'activité pendant toute la nuit. Le détachement français qui occupait le village d'Anghiari avant l'attaque des Autrichiens appartenait à la brigade du général Guyeux, qui accourut au secours de ses postes menacés, et voulut disputer le passage avec 12 à 1.500 hommes qu'il avait réunis ; mais il ne put que tirailler avec l'ennemi, trop nombreux pour lui. Il fut même obligé de céder après l'achèvement du pont, et de se retirer vers Ronco. Provera se mit en marche avec toute sa colonne sur Cerca. Le 14 au soir, il atteignit Nogara, où il fit bivouaquer ses troupes.

Ce passage de l'Adige par les Autrichiens avait donné l'éveil au général Augereau, qui rassembla sur-le-champ ses forces, espérant attaquer Provera vers Anghiari. Mais on vient de voir que le général ennemi, ne songeant qu'à gagner Mantoue, avait déjà filé : Augereau ne put atteindre que l'arrière-garde ; il fit aussitôt ses dispositions d'attaque sur trois colonnes. Celle de gauche était commandée par le général Point, la droite par le général Lannes, et les généraux Guyeux et Bon, arrivant de Ronco, devaient prendre l'ennemi à revers. Le succès fut d'autant plus complet que Provera ne fit rien pour soutenir son arrière-garde, qui fut complètement détruite. On lui prit 2.000 hommes et 14 pièces de canon : le pont sur l'Adige fut brûlé. Le gros de la colonne continua sa marche sur Mantoue, par Castellaro et Saint-Georges, devant lequel elle arriva le 15.

Les 9ᵉ, 18ᵉ de dragons et 25ᵉ régiment de chasseurs à cheval s'étaient particulièrement distingués dans l'action avec l'arrière-garde de Provera. Le combat avait d'abord commencé par une espèce de duel héroïque entre le commandant d'un escadron des hussards d'Erdody et le chef d'escadron Duvivier, du 9ᵉ de dragons. La cavalerie ennemie avait fait volte-face pour repousser les Français, et le commandant des hussards s'était présenté sur le front des dragons, leur avait crié de se rendre, en s'adressant plus particulièrement au commandant Duvivier. Celui-ci arrêta les dragons qui se mettaient en devoir d'envelopper le provocateur fanfaron, et, apostrophant ce dernier : « Viens donc toi-même me prendre, lui dit-il, si tu l'oses. » Par un mouvement spontané, les deux troupes s'écartent pour laisser un libre champ aux deux champions, qui donnent pendant quelques minutes le spectacle de l'un de ces combats *dont on lit l'agréable description dans le Tasse*, pour nous servir des propres expressions de Bonaparte dans son rapport au Directoire. Le commandant des hussards fut grièvement blessé de deux coups de sabre, et Duvivier continua de charger à la tête de ses dragons.

Provera, en arrivant devant Saint-Georges, espérait trouver cette position dégarnie et pouvoir entrer assez facilement dans Mantoue. Le général Miollis, qui commandait dans Saint-Georges, se tenait en garde contre la garnison de Mantoue, et ne croyait pas avoir à veiller du côté de la Molinella, se reposant sur Augereau. Il aurait été surpris, sans la perspicacité d'un officier subalterne. Provera avait lancé en avant des hussards habillés comme ceux de Berchini, bien connus de l'armée française. Le poste, sans défiance, les laissait approcher, quand un sergent s'avisa de faire la remarque que les manteaux de ces cavaliers étaient neufs, tandis que les hussards de Berchini avaient déjà vu le feu, et les portaient plus ou moins en état. Il n'en fallut pas davantage pour éventer la supercherie; quand Provera parut en avant de la place, il fut reçu à coups de canon. Il réussit néanmoins à informer Wurmser de son arrivée, et à concerter avec lui un mouvement pour le lendemain, sur le poste de la Favorite que gardait Serurier. Il était trop tard. La nuit même Bonaparte arriva sous les murs de Mantoue. Et quand, le lendemain, Wurmser sort avec ses troupes, il trouve devant lui Serurier qui le repousse et le rejette dans la ville; le général Victor, aux ordres de

Hip. Lacomte. La garnison de Mantoue met les armes devant le général Serurier

Bonaparte, attaque Provera et le déborde ; Miollis le chasse de Saint-Georges. C'est à cette bataille que la 57ᵉ demi-brigade mérita le nom de *Terrible*. Elle aborda la ligne autrichienne, et renversa tout ce qui voulut résister. A deux heures après midi, la garnison ayant été jetée dans la place, Provera capitula. Une foule de drapeaux, de bagages, 6.000 prisonniers et plusieurs généraux tombèrent au pouvoir du vainqueur.

Dans son rapport au Directoire, Bonaparte s'exprimait ainsi : Toutes les demi-brigades se sont couvertes de gloire, et spécialement les 32ᵉ, 57ᵉ et 18ᵉ que commandait le général Masséna, et qui, en trois jours, ont battu l'ennemi à Saint-Michel, près Vérone ; à Rivoli et sous Mantoue. Les légions romaines faisaient, dit-on, vingt-quatre milles par jour ; les soldats français en font trente et se battent dans l'intervalle...

La 75ᵉ, à qui l'on demanda, au combat de la Favorite, si elle avait des cartouches, répondit qu'avec des ennemis tels que ceux qu'elle avait devant elle, il ne fallait que charger à la baïonnette.

Bonaparte reçut le même jour les détails de la bataille de Rivoli, qu'il avait laissée incomplète. L'armée française avait poursuivi l'armée autrichienne, d'étape en étape, jusque dans les montagnes du Tyrol, recueillant sur son passage une foule de prisonniers. Les débris du corps d'Alvinzi avaient été rejetés au-delà du Lavis et de la Piave. Joubert, formant l'aile gauche, était arrivé à Segonzana ; Masséna se reliait à lui par la Brenta ; il tenait les hauteurs du château de la Scala et de Primolano : la droite, commandée par Augereau occupait Trévise et la ligne de la Piave : tout mouvement sur Mantoue était donc interdit à l'armée autrichienne.

Cette malheureuse ville était dans une situation déplorable. Les hôpitaux étaient encombrés de malades : près de 7.000 y étaient entrés, et les vides qu'y causait la mort étaient aussitôt remplis par la multitude de ceux qui arrivaient journellement. Les vivres manquaient depuis longtemps : l'armée avait mangé ses chevaux. La fièvre pestilentielle moissonnait également la garnison et la population urbaine. On n'avait autour de soi que le spectacle de la douleur, sans aucune consolation ni espérance. Réduit à cette extrémité, Wurmser ne voulut pas prolonger une résistance inutile : il envoya un de ses aides de camp, nommé Klénau, au général Serurier, pour traiter de la capitulation. Serurier en donna avis au général en chef, qui vint à la conférence, en gardant le plus strict incognito. Enveloppé dans son manteau, Bonaparte ne prit aucune part à la discussion, et parut tout le temps plutôt comme un témoin que comme un acteur. A la fin, il s'était approché de la table, avait saisi le papier qui renfermait les propositions de Wurmser, et s'était mis à écrire sur la marge, sans dire un mot.

Klénau soutenait en ce moment même qu'il y avait encore des vivres pour trois mois dans Mantoue. « Tenez », lui dit Bonaparte, « voilà les conditions que j'accorde à votre maréchal. S'il avait seulement pour quinze jours de vivres et qu'il parlât de se rendre, il ne mériterait aucune capitulation honorable : puisqu'il vous envoie, c'est qu'il est réduit à l'extrémité. Je respecte son âge, sa bravoure et ses malheurs. Portez-lui les conditions que je lui accorde. Qu'il sorte de la place demain, dans un mois ou dans six, il n'aura des conditions ni meilleures ni pires. Il peut rester tant qu'il conviendra à son honneur. Je pars à l'instant pour passer le Pô, et je marche sur Rome. Vous connaissez mes intentions, faites-en part à votre général. » Klénau reconnut alors qu'il avait devant lui le général Bonaparte. Les conditions portaient que le maréchal serait libre de sortir de Mantoue avec son état-major, 200 hommes de cavalerie, 500 personnes à son choix et 6 pièces de canon.

Par ces conditions avantageuses, le jeune général français voulait adoucir pour un vieillard la mortification d'une reddition pure et simple, et donner à sa sortie une apparence de gloire. Le vieux général en fut touché jusqu'aux larmes. Il offrit à Bonaparte de passer le Pô au-dessous des hauteurs en traversant la ville, et l'avertit

Combat dans les gorges du Tyrol.
(Mars 1797).

de se mettre sur ses gardes, parce qu'un complot était formé pour l'empoisonner. Bonaparte le remercia, mais il ne voulut pas insulter à la position malheureuse de son ennemi en faisant défiler sous ses yeux l'armée française victorieuse; bien plus, il s'éloigna de la place pour ne pas assister à la sortie du vieux maréchal autrichien. La garnison, composée de 13.000 hommes, fut conduite à Trieste pour y être échangée. Les Français entrèrent dans la ville le 2 février 1797. Ils y trouvèrent l'équipage de siège qu'ils avaient abandonné avant Castiglione, un autre de 25 pontons, 350 bouches à feu; de plus, 60 drapeaux ou étendards qu'Augereau fut chargé d'aller porter au Directoire.

L'Autriche avait perdu l'Italie.

La reddition de Mantoue accéléra l'expédition projetée contre Rome. Bonaparte la dirigea de Bologne, où sa présence doublait l'effet qu'elle devait produire sur toute l'Italie.

Par le traité d'armistice, signé le 20 juin 1796, le pape avait déclaré renoncer à l'alliance avec l'Autriche : il cédait en même temps à la France les légations de Bologne et de Ferrare.

La lutte d'Arcole ayant ranimé les espérances de la cour de Rome, le pape Pie VI s'était de nouveau déclaré contre la France; un courrier du cabinet papal instruisit Bonaparte de ses desseins. Une nouvelle alliance était conclue avec la cour de Vienne, et le général Colli, passant du service du Piémont à celui de l'Autriche, était désigné pour commander les troupes pontificales augmentées de nouvelles levées.

Victor fut aussitôt dirigé avec sa division sur les États du pape : sa marche n'éprouva aucun obstacle jusqu'à Ancône, où il arriva le 9 février. Ici un corps d'environ 1.200 hommes avait pris position sur les hauteurs en avant de la place, s'y croyant sans doute à l'abri de toute attaque; Victor l'enveloppa et le força à mettre bas les armes. Alors Ancône ouvrit ses portes. On y trouva plusieurs milliers de beaux fusils envoyés par l'Autriche pour l'armement des milices, un arsenal bien approvisionné et 120 bouches à feu.

Pendant cette marche sur Rome que Bonaparte qualifiait même de simple promenade, l'Autriche avait recruté une nouvelle armée dont elle donnait le commandement à l'archiduc Charles, qui avait arrêté en Allemagne le succès des armes de Jourdan et de Moreau. Le nouveau général autrichien établit son quartier général à Inspruck, capitale du Tyrol autrichien. Le gros de ses troupes était sur le Tagliamento.

L'armée française vient l'y trouver et le met en déroute une fois de plus. Bonaparte transporta son quartier général tour à tour à Bassano, à Gorizia, à Klagenfurth, à Sudenbourg et enfin à Léoben.

Il n'avait plus que deux étapes pour aller planter le drapeau tricolore à Vienne. Le 7 avril, les généraux autrichiens Bellegarde et Merfeldt vinrent, de la part de l'empereur, demander une suspension d'armes de huit jours; Bonaparte en accorda cinq, et les préliminaires de paix furent signés à Léoben, le 17 avril 1797. Ils spécifiaient la renonciation de l'Autriche à la Belgique, la reconnaissance des limites de la France telles qu'elles avaient été décrétées par le Gouvernement républicain, l'établissement et l'indépendance de la République lombarde.

Six mois plus tard, le traité de Campo-Formio était signé.

De même que Bonaparte avait salué d'une proclamation l'armée d'Italie en en prenant le commandement, de même il lui fit ses adieux dans une proclamation semblable : « Soldats! disait-il, je pars demain pour me rendre à Rastadt. En me trouvant séparé de l'armée, je ne serai consolé que par l'espoir de me revoir bientôt avec vous, luttant contre de nouveaux dangers. Quelque poste que le Gouvernement assigne à l'armée d'Italie, nous serons toujours les dignes soutiens de la liberté et du nom français. Soldats! en vous entretenant des princes que nous avons vaincus, des peuples qui nous doivent leur liberté, des combats que nous avons livrés en deux campagnes, dites-vous : dans deux campagnes, nous aurons fait plus encore! »

C'était leur donner rendez-vous. Le rendez-vous eut lieu.

Bataille de Neuwied
(18 avril 1797).

"LA BAYONNAISE" ET "L'EMBUSCADE"

La corvette *la Bayonnaise*, de 22 pièces de canons de 8, commandée par le lieutenant de vaisseau Edmond Richer, revenait de Cayenne. Le 14 décembre 1798, n'étant plus qu'à une trentaine de lieues des côtes de France, vers Rochefort, elle fut aperçue par la frégate anglaise *l'Embuscade*, de 42 pièces de 18, 24 et 6, qui lui donna la chasse.

Après avoir fait de vains efforts pour se dérober à un ennemi aussi supérieur, elle fut par lui rejointe et le combat commença à petite portée. Malgré la grande disproportion de forces qui existait entre les deux bâtiments, l'action dura trois heures sans qu'aucun des deux obtînt un avantage marqué sur son adversaire. Pour en finir, la frégate ennemie força les voiles et se rapprocha jusqu'à portée de pistolet de *la Bayonnaise*, qu'elle chercha à tourner tantôt par l'avant, tantôt par l'arrière. Un détachement de soldats qui repassait de Cayenne en France gênait beaucoup *l'Embuscade* par un feu très vif de mousqueterie; mais la supériorité de son artillerie se faisait mieux sentir depuis qu'elle s'était rapprochée; il devenait impossible, à bord de *la Bayonnaise*, de soutenir plus longtemps une lutte si terrible : il fallait ou succomber, ou terminer un combat trop inégal par un de ces coups hardis qui couvrirent de gloire les marins du siècle de Louis XIV.

Tout l'équipage français est pénétré de cette nécessité, et bientôt la corvette retentit du cri : « A l'abordage! à l'abordage! » Richer hésite un moment; mais enfin il adresse ces paroles aux marins et aux soldats surpris de son hésitation : « Mes amis, je compte assez sur votre bravoure et sur votre attachement à la patrie pour me rendre à vos désirs ! » Elles sont couvertes des plus vives acclamations, et chacun se jette sur les haches, sabres, pistolets, piques, etc., toujours préparés, lors du branle-bas, pour les hommes désignés par le rôle de combat à monter à l'abordage. Ici, le rôle est inutile, tout l'équipage se dispute ces armes, et se montre jaloux de sauter à bord de la frégate ennemie.

Cependant, Richer lance sa corvette contre elle, et, malgré les efforts du capitaine anglais pour éviter l'abordage, les deux bâtiments se heurtent. Le choc ébranle la mâture déjà criblée de *la Bayonnaise*, et son mât de misaine brisé tombe sur le gaillard d'arrière de *l'Embuscade;* c'est un pont qui s'offre aux braves Français pour passer à bord du bâtiment ennemi. Ils s'y élancent et le franchissent malgré une grêle de balles qu'on fait pleuvoir sur eux. Ils sont à bord : là, une haie de piques se hérisse devant eux; mais rien ne peut arrêter l'ardeur des soldats de la République, et, en un clin d'œil, ils sont maîtres du gaillard d'arrière de *l'Embuscade*, baigné du sang et couvert des cadavres de ses valeureux défenseurs. Chassés de ce poste important, les Anglais se retranchent sur les passavants et sur le gaillard d'avant. De là ils recommencent une vive fusillade; un combat corps à corps si avantageux à l'impétuosité française peut seul nous donner l'avantage. Mais il faut atteindre les Anglais. Les deux passages qui conduisent à leurs retranchements sont barricadés et défendus avec toute la bravoure que peut inspirer le désespoir. Plusieurs tentatives pour les forcer sont infructueuses ; pendant plus d'une demi-heure sont alternativement repoussées et reviennent à la charge avec une furie nouvelle; le carnage est terrible.

Enfin, la valeur française triomphe ! Le gaillard est emporté aux cris de : « Vive la République ! » et les Anglais mettent bas les armes. Aux acclamations des vainqueurs répondent celles de leurs camarades demeurés sur *la Bayonnaise*, et l'enthousiasme est à son

Cadrys.

COMBAT DE LA FRÉGATE FRANÇAISE "LA BAYONNAISE" CONTRE LA FRÉGATE ANGLAISE "L'EMBUSCADE"
(14 décembre 1798).

comble, en voyant sur la frégate conquise le pavillon national s'élever et se déployer majestueusement dans les airs.

Au nombre des braves qui se signalèrent dans l'abordage, furent Ledanseur, enseigne de vaisseau, et Lerch, chef de bataillon d'infanterie. Destitués par l'agent du Directoire à Cayenne, et revenant en France comme passagers, la conformité de leur sort avait établi une liaison intime entre ces deux officiers, et ils avaient résolu de reconquérir leurs grades par quelque action d'éclat, si l'occasion de combattre se présentait pendant la traversée. Ce jour tant souhaité arrive ; les voix de Ledanseur et de Lerch s'élèvent ; elles enflamment les cœurs de leurs compagnons d'armes, et deviennent le signal d'un mouvement général de l'équipage, qui, devançant les ordres du capitaine, demande avec instance, avec fureur même, qu'on les conduise à l'abordage. Les deux moteurs de cette insurrection singulière ne se bornent pas à de vaines paroles ; les premiers, ils saisissent des armes ; les premiers, ils sont à bord de l'ennemi.

Lerch eut le bonheur de survivre à une victoire à laquelle il avait si fort contribué ; Ledanseur, moins heureux, fut tué sur le gaillard de *l'Embuscade*. Sa mort donna même lieu à un trait admirable de la part d'un enfant. Marie Richard, jeune mousse au service de cet officier, l'avait suivi à l'abordage ; au moment où il le vit tomber, il se saisit d'un de ses pistolets et le déchargea sur l'Anglais qui lui avait porté le coup mortel, en s'écriant : « Coquin ! tu n'en tueras pas d'autres ! »

A peine les Français avaient-ils amariné *l'Embuscade* que les mâts restants de *la Bayonnaise* tombèrent à la mer. On fut obligé de la faire remorquer par la frégate anglaise, sur laquelle passa la plus grande partie de l'équipage français ; et c'est de la sorte qu'elle fit son entrée en rade de Rochefort traînant son vainqueur. Les blessés des deux équipages, mis à terre dans ce port, y furent traités avec une égale sollicitude.

La nouvelle du glorieux combat de *la Bayonnaise* fut reçue avec transport à Paris et dans toute la France. Le Directoire prit plusieurs arrêtés en faveur des braves qui montaient cette corvette : il ordonna qu'en exécution de la loi du 1er octobre 1793 (jusqu'alors peu observée) on payât sur-le-champ 3.500 francs pour chacun des canons et caronades de la frégate anglaise. Le lieutenant de vaisseau Richer fut élevé au grade de capitaine de vaisseau, sans passer par le grade intermédiaire de capitaine de frégate ; les quatre enseignes Corbie, Guigner, Frouin et Potier de La Houssaye furent promus lieutenants de vaisseau ; Lerch fut réintégré dans son grade de chef de bataillon ; le lieutenant Aimé fut fait capitaine, et le sergent Kinzelbach sous-lieutenant; enfin, une somme de 200 francs, à titre de secours provisoire, fut payée aux familles de chacun des marins et soldats tués dans le combat, en attendant les pensions auxquelles elles avaient le droit de prétendre.

Les peintres et les graveurs se sont exercés à l'envi sur le brillant sujet que leur offrait la prise de l'*Embuscade*. On remarqua surtout le tableau de M. Crépin, artiste attaché au ministère de la Marine, tableau que représente notre gravure.

En résumé, ce brillant combat eut lieu entre un bâtiment portant 20 canons de 8 et un autre qui en portait 42 du calibre moyen de 18, c'est-à-dire qui lançait au premier 378 livres de fer, quand celui-ci n'en pouvait lancer que 80 livres. Qu'on ajoute à cette force matérielle plus que quadruple l'élévation du bâtiment anglais, dominant de plusieurs pieds son adversaire, et l'épaisseur plus considérable de sa muraille, on ne peut s'empêcher de convenir combien ce combat fut glorieux pour les braves Français qui montaient *la Bayonnaise*, et qui n'allèrent à l'abordage qu'après avoir soutenu pendant plus de trois heures le feu d'un ennemi aussi formidable.

Préliminaires de la paix signés a Léoben
(17 avril 1797).

Lermière.

EN ÉGYPTE

Le traité de Campo-Formio avait rétabli la paix sur le continent. La France était rentrée dans l'héritage des Gaulois. Elle avait reconquis ses limites naturelles. La première coalition qui avait menacé d'étouffer la République à son berceau était vaincue et dissoute. L'Angleterre restait seule armée. La grande idée du Directoire était alors de porter des coups décisifs à la puissance et au commerce de cette nation ennemie; ce fut en Égypte que Bonaparte résolut d'aller l'attaquer. La France, disait-il, maîtresse d'Alexandrie et de la mer Rouge, ruinerait infailliblement le commerce et la puissance britanniques dans l'Inde.

Le secret de cette entreprise, renfermé entre Bonaparte et les cinq Directeurs, fut gardé merveilleusement. La France et l'Europe, les yeux fixés sur les immenses préparatifs qui se faisaient à Toulon, à Gênes, à Bastia, se demandèrent avec une inquiète curiosité où iraient aborder ces vaisseaux et ces régiments rassemblés sous les ordres du vainqueur de l'Italie; elles ne le surent qu'en apprenant que l'armée française était débarquée en Égypte.

L'Égypte obéissait alors aux beys des Mameluks, Mourad et Ibrahim. On se flatta que la Porte Ottomane, qui exerçait à peine sur ces deux chefs une autorité nominale, verrait sans trop d'ombrage leur domination remplacée par celle de la France. On s'engageait, d'ailleurs, à respecter ses droits de souveraineté. Mais ce n'était qu'après la conquête faite qu'on devait lui demander la permission de la faire.

Cependant, Bonaparte désigna tous les officiers généraux de terre et de mer qui devaient l'accompagner. « Le vice-amiral Brueys commandait la flotte et avait pour contre-amiraux Ganteaume, Villeneuve, Decrès et Blanquet-Duchayla.

« L'escadre, forte de 13 vaisseaux de ligne, de 17 frégates ou corvettes, et d'environ 300 bâtiments de transport, était montée par 10.000 matelots français, italiens ou grecs. »

Les troupes de l'expédition s'élevaient à environ 36.000 hommes, dont 2.800 de cavalerie non montée.

Le général Berthier était chef de l'état-major de l'armée. Le général Caffarelli du Falga commandait le génie et avait sous ses ordres un bon nombre d'officiers les plus distingués de cette arme. Le général Daumartin commandait l'artillerie, sous lui les généraux Sangie et Paultrier. Les généraux Desaix, Kléber, Menou, Reynier, Bon, Dugua, étaient les lieutenants généraux. Parmi les maréchaux de camp, on citait les généraux Murat, Lannes, Lanusse, Vial, Vaux, Rampon, Junot, Marmont, Davoust, Friant, Belliard, Leclerc, Verdier, Andréossy.

Le général Caffarelli était chargé de la direction de la commission des savants et artistes qui étaient à la suite de l'armée. Cette commission était composée des académiciens Monge et Berthollet, Dolomieu, Denan; des ingénieurs en chef des ponts et chaussées Lepère et Girard; des mathématiciens Faurier, Costaz, Corancez; des astronomes Nouet, Beauchamp et Méchain; des naturalistes Geoffroy, Savigny et Delile; des dessinateurs Dutertre, Redouté; du musicien Villoteau; du poète Parseval; des architectes Lepère, Protain, Norry; enfin, de Conté, qui était à la tête des aéronautes, homme universel, ayant le goût, la connaissance et le génie des arts, précieux dans un pays éloigné, bon à tout, capable de créer les arts de la France au milieu des déserts de l'Arabie. A la suite de cette commission étaient une vingtaine d'élèves de l'École polytechnique ou de celle des mines, parmi lesquels se sont fait remarquer Jamard, Dubois aîné, Lancret, Chabrol, Rozière, Cordier, Regnault, etc.

L'escadre partit de Toulon le 19 mai 1798 : elle rallia en route les convois sortis de Gênes, d'Ajaccio et de Civita-Vecchia. Le 9 juin, elle est en vue de Malte qui se rend. Après sept jours d'une navigation fort douce, elle arriva devant Candie. Cette célèbre Crète excita toute la curiosité française. Le lendemain, une frégate

Masson, sc. Caffarelli du Falga.

qui avait été détachée à Naples rejoignit l'amiral et porta la nouvelle que Nelson, avec 13 vaisseaux de 74, avait paru devant cette capitale le 20 juin, d'où il s'était dirigé sur Malte. A ces nouvelles, Bonaparte ordonna de naviguer de manière à attaquer l'Afrique à trente lieues à l'ouest, vers le cap d'Aras, au vent d'Alexandrie, afin de ne se présenter devant ce port qu'après avoir reçu les rapports de ce qui s'y passait. Une frégate y fut envoyée pour prendre le consul français. Si elle était chassée, elle devait faire fausse route. Le 29 juin, l'escadre légère signala le cap d'Aras. Un chébec arraisonna un caboteur sorti le 28 d'Alexandrie. Il annonça qu'il n'y avait rien de nouveau dans cette ville. Le 31, on signala la Tour des Arabes ; le 1er juillet, la colonne de Pompée et Alexandrie. Le consul de France fit connaître que Nelson, avec ses 13 vaisseaux de 25 et 1 frégate, avait paru le 28 juin devant Alexandrie, annonçant qu'il était à la recherche d'une armée française, qu'il avait continué sa navigation pour se porter sur les côtes de Caramanie ; que les Turcs, fort alarmés, travaillaient jour et nuit à réparer les brèches de leurs murailles ; que les chrétiens étaient sous le couteau. Les officiers de marine ne redoutaient pas, mais ils craignaient d'être attaqués pendant qu'ils seraient occupés à débarquer l'armée de terre ou après son débarquement. Leur confiance se reposait spécialement sur le courage de ces vieux vétérans d'Italie, couverts de tant de trophées.

Bonaparte ordonna le débarquement pour le soir même. Le convoi s'approcha de terre à la hauteur du Marabout. Le vaisseau amiral, ayant abordé un autre vaisseau, fut obligé de mouiller à 3 lieues de la côte. La mer était grosse, les soldats éprouvèrent beaucoup de difficultés à entrer dans les chaloupes et à traverser les rochers qui forment la rade d'Alexandrie et se trouvant en avant de la plage où s'opérait le débarquement. Dix-neuf hommes se noyèrent. L'amiral donna la main au général en chef pour l'aider à descendre dans son canot, et, le voyant s'éloigner, il s'écria : *Ma fortune m'abandonne*. Ces paroles étaient prophétiques !!! Avant le débarquement, l'ordre du jour dit : « Soldats... vous portez à l'Angleterre le coup le plus sensible en attendant que vous lui donniez le coup de mort... vous réussirez dans toutes vos entreprises... les destins vous sont favorables... dans quelques jours les Mameluks qui ont outragé la France n'existeront plus... Les peuples au milieu desquels vous allez vivre tiennent pour premier article de foi : *Qu'il n'y a pas d'autre Dieu que Dieu et que Mahomet est son prophète!* Ne les contredisez pas... les légions romaines aimaient toutes les religions... Le pillage déshonore les armées et ne profite qu'à un

PHILIPPOTEAUX.

REYNIER

petit nombre... La ville qui est devant vous, et où vous serez demain, a été bâtie par Alexandre !!! »

Le général Menou débarqua le premier, à neuf heures du soir, au Marabout. Il était conduit par un pilote provençal qui avait la pratique de ces parages. Le général en chef, après quelques fatigues et des risques, mit pied à terre à une heure après minuit près du Sautan Sidi-el-Palabri. A trois heures, il fit battre un ralliement et passa la revue de ce qui était débarqué. Il y avait 4.500 hommes de tous les régiments. La lune brillait de tout son éclat. On voyait comme en plein jour le sol blanchi de l'aride Afrique. Après une longue et périlleuse traversée, on se trouvait sur la plage de la vieille Égypte, habitée par des nations orientales, bien étrangères à nos mœurs, à nos habitudes et à notre religion ; cependant, pressé par les circonstances, il fallait, avec une poignée d'hommes, sans artillerie, sans cavalerie, attaquer et prendre une place défendue par une population sous les armes et fanatisée. Que de périls, que d'événements, que de chances, que de fatigues on avait encore à essuyer !... Desaix, avec 600 hommes de sa division, resta pour garder le débarcadère et organiser les troupes à mesure qu'elles toucheraient la terre. La petite armée marcha sur trois colonnes. Menou, à la gauche, avait 1.800 hommes ; Kléber, au centre, 900 hommes ; Bon, à la droite, 1.200 hommes ; total, 3.900 hommes. Le général en chef marchait à pied ; aucun cheval n'était encore débarqué. Caffarelli, malgré sa jambe de bois, l'accompagnait.

La vue d'une flotte de 300 voiles, parmi lesquelles on en comptait un grand nombre de premier rang, fut un spectacle qui agita vivement les habitants d'Alexandrie pendant toute la soirée du 1ᵉʳ juillet. Si cette armée était destinée à s'emparer de leur ville, ils s'attendaient qu'elle irait mouiller dans la rade d'Aboukir, et que le temps qu'il lui faudrait pour effectuer son débarquement leur donnerait plusieurs jours de répit. Ils redoublèrent d'activité pour compléter leur armement. Mais, à une heure après minuit, Koraïm, commandant de la ville, apprit par un Arabe Bédouin que les infidèles s'étaient emparés du fort de Marabout, que la mer était couverte de leurs chaloupes et la plage toute noire des hommes qui débarquaient. Il monta à cheval à la tête de 20 Mameluks. Il se rencontra au jour avec une compagnie de tirailleurs français qui étaient en flanqueurs,

Débarquement de l'armée française en Égypte
(2 juillet 1798).

la chargea, coupa la tête du capitaine qui la commandait et la promena en triomphe dans les rues d'Alexandrie. Cette vue électrisa la population. A cinq heures, les premiers Bédouins furent aperçus sur les flancs de l'armée et, peu après, on en vit 4 ou 500. C'était la tribu des Henady, Arabes les plus féroces de ces déserts. Ils étaient presque nus, noirs et maigres; leurs chevaux paraissaient des haridelles; au casque près, c'était Don Quichotte tel que le représentent les gravures; mais ces haridelles se mouvaient avec la rapidité de l'éclair; lancées au galop, elles s'arrêtaient court, qualité particulière au cheval de ces contrées. S'apercevant que l'armée n'avait pas de cavalerie, ils s'enhardirent et se jetèrent dans les intervalles et derrière les colonnes. Il y eut un moment d'alarme. La communication avec le débarcadère fut interceptée. On fit halte pour se former. De son côté, Desaix plaça ses postes et se mit sous les armes. Si ces 500 Arabes eussent été des Mameluks, ils auraient pu obtenir de grands succès dans ce premier moment d'étonnement où l'imagination du soldat était éveillée et en disposition de recevoir toutes les impressions. Mais ces Arabes étaient aussi lâches que les Mameluks qui avaient chargé une heure avant étaient braves. Les tirailleurs français se rallièrent quatre à quatre et se portèrent contre cette cavalerie sans hésiter. La marche de l'armée devint lente; elle craignait les embûches. Au lever du soleil, la chaleur fut insupportable. Le vent du nord-ouest, si rafraîchissant dans cette saison, ne se leva que sur les neuf heures. Ces Arabes firent une douzaine de prisonniers qui excitèrent vivement leur curiosité. Ils admiraient leur blancheur, et plusieurs de ces prisonniers, qui furent rendus plusieurs jours après, donnèrent des détails grotesques et horribles des mœurs de ces hommes du désert.

A six heures, Bonaparte découvrit la colonne de Pompée; peu après, la muraille dentelée de l'enceinte des Arabes et, successivement, les minarets de la ville, les mâts de la caravelle turque qui était mouillée dans le port. A huit heures, se trouvant à la portée du canon, il monta sur le piédestal de la colonne de Pompée pour reconnaître la place. Les murailles étaient hautes et fort épaisses ; il aurait fallu du 24 pour les ouvrir ; mais il existait beaucoup de brèches réparées à la hâte. Ces murailles étaient couvertes de peuple qui paraissait dans une grande agitation. C'étaient des cavaliers, des fantassins armés de fusils et de lances, des femmes, des enfants, des vieillards, etc. Bonaparte donna ses ordres. Menou attaqua la droite de l'enceinte, près du fort triangulaire ; Kléber, le centre ; Bon se porta sur le chemin d'Aboukir pour pénétrer par la porte de Rosette. La fusillade s'engagea. Quoique mal servi, le canon des assiégés fit quelque impression sur les assiégeants qui n'en avaient pas. Les tirailleurs français, avec cette intelligence qui leur est propre, se logèrent sur les monticules de sable. Les trois attaques réussirent ; la muraille fut franchie. Les généraux Kléber et Menou furent blessés comme ils montaient à l'assaut à la tête de leurs grenadiers. La division Bon éprouva moins d'obstacles et, quoique la plus éloignée, arriva la première sur la seconde enceinte, celle qui ferme l'isthme où est la ville actuelle. Il l'enleva au pas de charge. Les tirailleurs pénétrèrent à la tête des rues. Les maisons étaient crénelées. Une vive fusillade s'engagea. Le général en chef se porta sur la hauteur du fort de Caffarelli. Il envoya le capitaine de la caravelle turque qui l'avait joint faire des propositions d'accommodement. Cet officier fit comprendre aux cheykhs, aux ulémas et aux notables le danger que courait la ville d'une entière destruction. Ils se soumirent.

Bonaparte entra au milieu d'eux dans la ville et descendit à la maison du consul de France ; il était midi. Comme il tournait une rue, une balle, partie d'une fenêtre, rasa la botte de sa jambe gauche. Les chasseurs de sa garde montèrent sur le toit, entrèrent dans la maison et trouvèrent un Turc seul, barricadé dans sa chambre, ayant autour de lui six fusils. Il fut tué sur la place. La perte des Français fut de 300 hommes tués ou blessés. Le commandant Koraïm se retira

Junot

dans le Phare avec les plus braves de sa maison. Il y fut bloqué. Toute la nuit se passa en négociations qui eurent une heureuse issue. Koraïm capitula, s'attacha au général français, se reconnut son esclave, lui prêta serment. Il fut chargé de la police des habitants, car l'anarchisme est le plus grand ennemi qu'ait à redouter un conquérant, surtout dans un pays si différent par la langue, les mœurs et la religion. Koraïm rétablit l'ordre, fit opérer le désarmement, procura à l'armée tout ce qui lui était nécessaire. Un personnage important par le crédit dont il jouissait, qui s'attacha aussi à Bonaparte et lui fut constamment fidèle, le Cheykh-el-Messiri, était uléma, schérif et chef de la religion de la ville, fort honoré pour son savoir et sa sainteté. Plus éclairé que ses compatriotes, il avait des idées de justice et de bon gouvernement, ce qui contrastait avec tout ce qui l'environnait. Koraïm avait de l'influence par son audace, la bravoure de ses principaux esclaves et ses grandes richesses; le Cheykh-el-Messiri, par ses vertus, sa piété et la justice qui guidait toutes ses actions.

Dans la soirée du 2, le convoi entra dans le port vieux, les deux vaisseaux de 64 et les frégates d'escorte en tête; l'artillerie, le génie, l'administration choisirent leurs magasins, leurs emplacements; ils travaillèrent toute la nuit à débarquer les chevaux, les bagages et le matériel. Le général Desaix sortit le soir même de la ville et alla prendre position à une lieue et demie sur la route de Damanhour, la gauche appuyée au lac Madieh. Berthier fit afficher dans la ville, en français, en arabe, en turc, et il répandit avec profusion une proclamation qui disait en substance : « Cadis, Cheykhs, Ulémas, Imans, Tchorbadgis, peuple d'Égypte! depuis assez longtemps les beys insultent à la France; l'heure de les châtier est arrivée... Dieu, de qui tout dépend, a dit : le règne des Mameluks est terminé... On vous dira que je viens détruire la religion de l'islamisme..., répondez que j'aime le Prophète et le Coran, que je viens pour vous restituer vos droits... Nous avons dans tous les siècles été les amis du grand sultan.... Trois fois heureux ceux qui se déclareront pour nous! Heureux ceux qui resteront neutres, ils auront le temps de nous connaître. Malheur aux insensés qui s'armeront contre nous, ils périront! Les villages qui voudront être protégés arboreront au haut du minaret de la principale mosquée le pavillon du grand seigneur et celui de l'armée... Les villages dont les habitants commettront des hostilités seront traités militairement; ils seront brûlés, s'il y a lieu. Les cheykhs-el-beled, les imans, les mouezzins, sont confirmés dans leurs places... »

En arrivant sur cette terre étrangère, les Français ne pouvaient assez repaître leurs yeux du spectacle étrange qui les environnait. L'origine de la ville où l'on descendait, sa splendeur passée, sa dégradation actuelle; ses antiques monuments, qui semblaient protester contre un tel abandon; les souvenirs des temps anciens, des âges intermédiaires, depuis l'apparition des légions romaines jusqu'à l'invasion musulmane, occupaient les savants. Ils voyaient revivre autour d'eux les siècles éteints et se lever tout à coup des générations depuis longtemps anéanties. Le soldat, au contraire, ne faisait attention qu'à ces arbres gigantesques terminés en parasol, aux longues flèches des minarets qui portent une balustrade dans les airs, aux maisons sans toiture visible, aux habits, aux turbans, au langage, à la tournure des habitants, à la misère et à la saleté des rues; chaque pas lui révélait une curiosité nouvelle, et dès le premier jour il se mettait à plaisanter de tout.

Bien que dépendant nominativement de la Porte, le gouvernement appartenait de fait aux Mameluks. Ce corps à part dans le monde, et détruit aujourd'hui, était composé d'esclaves circassiens, mingréliens ou géorgiens, enrôlés de bonne heure dans la milice. Sans famille et sans patrie, ils appartenaient au bey qui les avait achetés, vivaient avec lui, se battaient pour lui et avaient aspiré à lui succéder, à l'exclusion de ses enfants. Ces esclaves enrégimentés faisaient peser sur l'Égypte un joug auquel personne ne pouvait se

« Soldats, du haut de ces pyramides, 40 siècles vous contemplent! »

L'ATAILLE DES PYRAMIDES

(21 juillet 1798).

soustraire. Refusant d'admettre dans leur sein les naturels du pays, mariés à des femmes étrangères, aucun lien ne les attachait aux indigènes, et ils se perpétuaient dans la domination par esprit de corps et sans profit pour leur propre famille.

Deux chemins s'offraient à l'armée française pour marcher sur le Caire : le premier, à travers le désert de Damanhour, vient tomber sur la rive gauche du Nil, au bourg de Rahmanieh ; le second, en suivant le rivage jusqu'au village d'Edhou, mène également au Nil, mais par un plus long détour. On choisit le chemin du désert. A peine l'armée avait-elle franchi la langue de terre qui relie Alexandrie au sol africain qu'elle entra dans de vastes plaines jaunâtres, nues et arides, couvertes d'un sable fin, où ne pousse ni arbre ni verdure, et qui étend à l'infini sa morne désolation : terre meurtrière interdite à quiconque ne vient pas y chercher son tombeau !

Dans le jour, un soleil brûlant échauffe l'atmosphère, dessèche le sol, et l'on croirait marcher au milieu d'un brasier dévorant. L'air, comme alourdi sous le poids des rayons solaires, dont aucun nuage ne tempère l'éclat, demeure stagnant, et si parfois il s'agite, ses tourbillons, loin de porter la fraîcheur, font entrer dans les veines une chaleur mortelle. Par contre, la nuit est d'une fraîcheur glaciale, les vapeurs que le soleil tenait suspendues se condensent à la surface du sol et noient tous les objets d'une rosée abondante. L'armée ne tarda pas à éprouver des rigueurs jusqu'alors inconnues. Elle s'était acheminée en plaisantant ; une fois engagée dans le désert, elle perdit sa gaieté. A la chaleur de la température se joignit une soif intense : l'eau que l'on avait apportée d'Alexandrie avait été épuisée à la première marche. Les soldats, harassés de fatigue, se traînaient haletants les uns après les autres ; plusieurs jetaient en route, afin d'alléger leur charge, la ration de biscuit qu'on leur avait distribuée pour quatre jours. Ils espéraient trouver de loin en loin de l'eau et des habitations, mais rien ne venait trancher sur la monotonie du désert ;

ils avaient beau tourner les yeux, ils n'apercevaient autour d'eux qu'une mer de sable sans limites, qui atteignait l'horizon tout alentour et paraissait au loin soutenir la voûte azurée des cieux.

Le lendemain, les peines de l'armée furent plus grandes encore. On avait inutilement pris le matin pour se mettre en route : le soleil, à son lever, embrasa la terre, et les souffrances endurées la veille se réveillèrent soudain, pour rendre les appréhensions plus vives. Mais l'espoir et la gaieté reviennent peu à peu : on apercevait à distance des palmiers et des eaux limpides. Les soldats pressent le pas, se hâtent d'arriver à ce lac bienfaisant, pour y étancher leur soif : vain espoir! la vision s'éloigne à mesure que l'on avance, s'obscurcit, s'efface et disparaît complètement. Déçus dans leur attente, officiers et soldats maudissent à l'envi cette malheureuse passion de la gloire qui les a conduits sur ces rives inhospitalières. Le désespoir s'empare des braves guerriers. Lannes et Murat jettent sur le sable leurs chapeaux brodés, et les foulent aux pieds en présence des soldats ; quelques-uns, plus abattus, se couchent à terre et refusent d'avancer, prétendant qu'ils sont venus assez loin pour mourir. Un guide, qui avait quelque connaissance des lieux, affirmait que l'on arriverait avant le soir dans une petite localité nommée Béda, où il y avait un puits ; les premières colonnes l'épuisèrent, et, quand le corps d'armée y arriva, les autres n'y trouvèrent que de la boue et des sangsues. Néanmoins, la vue de quelques misérables huttes, bâties sur la frontière du grand désert, avait ranimé le courage et diminué les plaintes, sans remédier à la souffrance. Dans la troisième journée, on rencontra encore çà et là des cases isolées, et l'on vit courir au loin quelque cavalerie arabe. La vue de l'habitation de l'homme, de la présence de l'ennemi, ramena le soldat aux bons sentiments, et il reprit son caractère.

Chose digne de remarque! même dans son plus grand désespoir, il n'accusait pas son général en chef ; il s'apitoyait sur lui, car il bivouaquait constamment sur les bords du Nil, était privé comme le

GÉRARD. — LANNES

dernier soldat; le dîner de l'état-major consistait souvent en un plat de lentilles. *C'est de lui dont on voulait se défaire*, disaient-ils; *mais, au lieu de nous conduire ici, que ne nous faisait-il un signal, nous eussions chassé ses ennemis du palais, comme nous avons chassé les Clichiens.* S'étant aperçus que partout où il y avait quelques traces d'antiquités, les savants s'y arrêtaient et faisaient des fouilles, ils supposèrent que c'étaient eux qui, pour chercher des antiquités, avaient conseillé l'expédition. Cela les indisposa contre eux. Ils appelaient les ânes, des savants. Caffarelli était à la tête de la commission, le brave général avait une jambe de bois. Il se donnait beaucoup de mouvement. Il parcourait les rangs pour prêcher le soldat. Il ne parlait que de la beauté du pays, des grands résultats de cette conquête. Quelquefois, après l'avoir entendu, les soldats murmuraient, mais la gaieté française reprenait le dessus. *Pardi*, lui dit un jour un grenadier, *vous vous moquez de cela, général, vous qui avez un pied en France!* Ce mot, répété de bivouac en bivouac, fit rire tous les camps. Jamais cependant le soldat ne manqua aux membres de la commission des arts, qu'au fond il respectait; et, ce premier mouvement passé, Caffarelli et les savants furent l'objet de leur estime. L'industrie française venait aussi à l'aide des circonstances. Les uns broyaient le blé pour se procurer de la farine, les autres en faisaient d'abord rôtir le grain dans une poêle et, ainsi rôti, le faisaient bouillir, et en obtenaient une nourriture moins malsaine.

La vue du Nil fit oublier en un instant à l'armée ce qu'elle avait souffert : les soldats se précipitaient dans le fleuve, et se rafraîchirent tout à l'aise. On ne jouit pas longtemps du repos. Desaix, qui tenait l'avant-garde, signala un corps de Mameluks qui galopait dans la plaine. Une partie de l'armée s'embarqua sur le fleuve, tandis que le reste suivait parallèlement sur la rive gauche. Le premier engagement eut lieu à Chebreïss. La flottille française se heurta contre celle des beys. Elle eut longtemps à supporter le feu de leurs vaisseaux et celui des troupes qui stationnaient sur la rive : l'armée de terre se dégagea fort à propos. Il n'y eut pas de combat dans la plaine : les Mameluks s'étaient retirés en voyant l'armée s'avancer en bon ordre, division par division, formée en carré. Il n'y eut de tués que cinq ou six fous qui se jetèrent de parti pris sur les baïonnettes françaises. Leur mort, insignifiante en elle-même, eut pourtant d'heureuses conséquences. On trouva sur chacun d'eux, en les dépouillant, des sommes considérables en or; et, quand il fut connu qu'ils portaient avec eux toutes leurs richesses, ce fut à qui en tuerait, pour verser le produit de leur bourse à la caisse du régiment.

Il n'y eut plus d'autre combat jusqu'aux bords du Caire. Le 21 juillet, l'armée s'était mise en marche pendant la nuit, pour arriver dans la matinée à la hauteur de cette ville. Elle fut transportée de joie quand, aux premiers rayons du soleil, elle aperçut à sa droite les pyramides de Gizeh, toutes resplendissantes de l'éclat du jour naissant. Elle s'arrêta pour saluer ces vastes monuments, dont l'origine remonte aux premiers âges historiques. La figure de Bonaparte s'anime tout à coup d'un pur enthousiasme : « Soldats », s'écria-t-il, « vous allez combattre aujourd'hui les dominateurs de l'Égypte; songez que, du haut de ces pyramides, quarante siècles vous contemplent. » On aperçut en même temps, sur la rive opposée, les grêles pointes des minarets de la capitale de l'Égypte.

On fit une halte au village d'El-Warak, afin de se disposer en ordre de bataille. Déjà l'on voyait flotter dans la plaine la cavalerie des beys; et le costume resplendissant des Mameluks donnait au troupier l'envie de les dépouiller au plus tôt. Bonaparte divisa son armée en cinq carrés, ayant l'artillerie sur les ailes; il les posa en hémicycle autour et hors de portée du canon d'Embabeh. La division Desaix, plus avancée, s'établit entre Bihtil et le Nil au sud d'Embabeh; la division Bon occupa la même position au nord, et l'espace demeuré vacant entre ces deux points extrêmes fut rempli par la division Menou, commandée par le général de brigade Vial; la division Kléber, conduite par Dugua, et celle de Reynier.

Mourad-bey, qui commandait en personne, n'attendit pas pour les attaquer que les Français se fussent mis en position. A un signal donné, son innombrable cavalerie qui longeait le Nil d'Embabeh à Gizeh s'ébranle et fond, partie sur l'angle droit de la division Desaix, partie sur l'angle gauche de la division Reynier. Les troupes fran-

Paulin Guérin.   Marmont

çaises l'attendent résolument et tirent à petite portée : la plaine se couvre de cadavres d'hommes et de chevaux. Un gros de Mameluks revient en arrière, passe au galop sur toute une face de la division Reynier, recevant son feu, et va tomber sur le côté gauche de la division Desaix, déjà vigoureusement attaquée à sa droite. Reçus par une fusillade intense, ils tourbillonnent autour des carrés, les étreignent de toutes parts. Les plus braves acculent leurs chevaux, les renversent sur les baïonnettes, et parviennent à faire brèche; la masse voltige au milieu du feu, d'une division à l'autre. Bonaparte fait avancer la division Dugua au secours des deux divisions Reynier et Desaix qui étaient seules en butte aux efforts de l'ennemi. Pris entre des feux croisés, les Mameluks essayent encore d'enfoncer les carrés ; n'y réussissant pas, ils se dispersent dans la plaine : les uns vont essuyer à Bihtil un nouvel échec ; les autres, en se précipitant sur Embabeh, passent à dix pas du corps de Rampon, qui leur envoie une fusillade bien nourrie.

Les divisions Bon et Menou, qui n'avaient pas donné, changent aussitôt leurs dispositions, se mettent en colonne d'attaque et s'avancent sur Embabeh. Cette bourgade fortifiée, défendue par une quarantaine de pièces de siège et par le feu des djermes qui circulent sur le fleuve, aurait pu tenir longtemps, mais la garnison était composée de Mameluks, de fantassins, de simples fellahs ou paysans, et loin, par conséquent, d'être homogène. On se défendit mal ; les Mameluks tentèrent seuls une sortie. Les Français serrèrent bientôt la place de si près qu'il ne resta plus de chemin libre, et que la plus grande partie de cette multitude guerrière, en voulant fuir, se noya dans le Nil. Mourad-Bey se retira vers la Haute-Égypte avec le débris de sa cavalerie, son collègue Ibrahim s'enfuit à Belbeïs, et la place fut dégarnie. Le butin fut considérable, moins cependant qu'on était en droit de l'espérer : car, avant leur départ, les Mameluks avaient mis le feu aux djermes qui portaient leurs richesses. Les soldats s'empressèrent de dépouiller les Mameluks tombés dans la plaine, d'autres repêchèrent leurs cadavres dans le fleuve, et il y en eut qui déposèrent jusqu'à 30.000 francs dans la caisse de leur régiment. Telle fut la bataille des Pyramides, gagnée sur un ennemi qui passait pour invincible. Elle ne coûta à l'armée française qu'une centaine de morts et de blessés : les pertes de l'ennemi furent hors de proportion. L'armée passa la nuit sur les bords du Nil, ou dans des villages d'Embabeh et de Gizeh.

Après la bataille des Pyramides, le Caire ouvrit ses portes au vainqueur (23 juillet 1798).

Que croyez-vous bien que firent les soldats en arrivant au Caire? Ce que font tous les troupiers de tous les temps : ils écrivirent à leur famille. Cette correspondance n'arriva pas à destination ; la croisière anglaise l'intercepta; mais elle fut publiée depuis [1].

Nous croyons devoir en rapporter quelques extraits ; on y trouvera l'impression vivante, vécue, des souffrances de l'armée, de ses déboires, de ses plaintes, mais aussi de sa bonne humeur, de sa vaillance toujours.

Voici une lettre dans laquelle nous respectons entièrement la forme et l'orthographe. C'est bien la lettre d'un soldat qui, du régiment, écrit à ses parents; de nos jours, beaucoup de nos petits troupiers la revendiqueraient comme leur appartenant.

Au Caire, capitale de l'Égypte, partie d'Afrique, le 29 thermidor.

DUMAS, *brigadier de la compagnie n° 1, à la citoyenne* DUMAS,

« CHÈRE MÈRE,

« Je vous écris la présente pour vous informer de l'état de ma situation, qui n'est pas des meilleures. Nous sommes dans un pays extrêmement chaud, où on ne trouve point de vin, pas même de pain, si nous n'eussions construit des fours, excepté des mauvaises galettes que nous ne pouvons manger, et dont se nourrissent les habitants du pays.

« Je vous dirai que, dans ce pays, il y a dix-sept ans qu'il n'y a pas tombé d'eau. L'Égypte serait inhabitable si ce n'était le Nil, qui est le nom du fleuve qui déborde tous les ans, et arrose tout ce vaste

---

[1]. *Correspondance intime de l'armée d'Égypte interceptée par la croisière anglaise*, publiée par Lorédan Larchez, 1866.

pays. La peste y est très commune ; le peuple y est barbare ; leur dieu est Mayomet, ils n'en connaissent pas d'autres. Dans cette ville, il y a 60.000 chrétiens, et le nombre de ses habitants à un million, qui sont très tranquilles et qui aiment assez les Français.

« Nous avons marché cinq jours sans trouver l'ennemi. Lorsque nous eûmes joint le Nil, nous trouvâmes une petite flotille armée qui s'était détachée de notre escadre, dont une partie de la cavalerie à pied s'est embarquée dont j'étais du nombre ; c'était le 24 messidor que nous nous embarquâmes. Le général Bonaparte donna ordre au commandant de la flotille de prendre l'avance sur l'armée, ce que nous fîmes.

« Le 25 messidor, à cinq heures du matin, nous aperçûmes les ennemis au nombre de 10.000, tous à cheval, qui côtoyaient le Nil, et avaient cinq chaloupes canonnières, qui les suivaient pas à pas : à six heures le combat s'engagea. Après quatre heures de combat, les cinq chaloupes qui avaient fait un feu terrible sur nous, vinrent à l'abordage ; nous fûmes obligés d'abandonner nos chaloupes et de nous sauver du côté où l'ennemi avait le moins de forces : une demi-heure après, notre armée nous joignit et chassa l'ennemi ; nous reprîmes nos chaloupes, et la victoire fut à nous.

« De là nous allâmes près du Caire, où nous avons eu une bataille très sanglante, dans laquelle les Mameloucks ont perdu 3.000 hommes et nous n'avons pas perdu 50 hommes, ce qu'il ne vous sera pas aisé à croire. Autre chose de nouveau, nous sommes maîtres de la Basse-Egypte. On prétend que sous peu de jours nous retournerons en France,

« Adieu, chère mère, grand'mère, sœurs et beaux-frères ; je finis en vous embrassant tous du plus profond de mon cœur.

« Dumas. »

N'est-ce pas que c'est bien notre soldat : « Sous peu de jours nous retournerons en France ! » Bel espoir tôt déçu.

BESSIÈRES

Boyer, lui, est adjudant général. Il écrit aussi à ses parents :

« Sortis de cette ville (Alexandrie) pour remonter le Nil, vous rencontrez et passez à travers un désert nu comme la main, où toutes les quatre à cinq lieues vous rencontrez un mauvais puits d'eau saumâtre. Figurez-vous une armée obligée de passer au travers de ces plaines arides, qui n'offrent pas au soldat un asile contre les chaleurs insupportables qui y règnent ; le soldat portant pour cinq jours de vivres, chargé de son sac, habillé de laine ; au bout d'une heure de marche, accablé par le chaud et la pesanteur des effets qu'il porte, il se décharge, il jette ses vivres, ne songeant qu'au présent, sans penser au lendemain. Arrive la soif, et il ne trouve pas d'eau ; la faim, pas de pain. C'est ainsi qu'à travers les horreurs que présente ce tableau, l'on a vu des soldats mourir de soif, d'inanition, de chaleur ; d'autres, voyant les souffrances de leurs camarades, se brûler la cervelle ; d'autres, se jeter armes et bagages dans le Nil et périr au milieu des eaux.

« Chaque jour de nos marches nous offrait un pareil spectacle ; et, chose inouïe, et que personne ne croira facilement, c'est que l'armée entière, pendant une marche de dix-sept jours, n'a pas eu de pain. Le soldat se nourrissait de citrouilles, de melons, de poules et de quelques légumes qu'il trouvait dans le pays. Telle a été la nourriture de tous, depuis le général jusqu'au dernier soldat. Souvent même le général a jeûné pendant dix-huit et vingt-quatre heures, parce que le soldat, arrivant le premier dans les villages, livrait tout au pillage, et que souvent il fallait se contenter de son rebut, ou de ce que son intempérance abandonnait... »

Plus loin il a le mot pour rire :

« J'ai vu hier recevoir le Divan que compose le général Buonaparte (*sic*) ; il est composé de neuf personnes. J'ai vu neuf automates habillés à la turque : de superbes turbans, des barbes et des costumes qui me rappellent les images des douze apôtres que papa tient dans l'armoire; quant à l'esprit, les connaissances, le génie et les talents, je ne vous en dis rien : ce chapitre est toujours en blanc en Turquie. Nulle part autant d'ignorance, nulle part autant de richesses, et nulle part aussi mauvais et sordide usage temporel... »

C'est maintenant La Salle, chef de brigade du 22° régiment de chasseurs à cheval à l'armée d'Orient. C'est à sa mère qu'il adresse ces mots. Il la rassure sur sa santé, dans une forme enjouée : « Ni la fatigue, ni la chaleur, ni la privation du vin, n'ont altéré en rien ma santé ; au contraire, j'engraisse à vue d'œil. Je ne regrette qu'une seule chose, ce sont mes pauvres cheveux. L'extrême chaleur les a tous fait tomber. J'attribue aussi une grande partie de cette perte au manque de poudre et de pommade... »

En terminant, son amour filial se fait jour : « J'espère cependant que par le même bonheur qui m'accompagne au milieu des batailles le ciel aura respecté vos jours. Je me réjouis de baiser un jour votre main respectable, de tarir par mes embrassements les pleurs que vous aurez versés pour moi. O maman ! j'ai bien besoin de vous serrer dans mes bras... Adieu ! bonne, recevez cent baisers bien tendres, et présentez mon respectueux hommage à mon vieux père, que j'aime et révère... »

Ces sentiments sont bien dignes du vaillant La Salle, dont nous avons, durant la guerre d'Italie, signalé les exploits aventureux, et aussi l'affection tendre pour sa mère.

Cet autre également, Guillot, capitaine à la 25° demi-brigade, écrit à sa mère :

« ... Nous avons perdu 300 hommes en escaladant les remparts pour nous rendre maîtres d'Alexandrie. Après quatre jours de repos, nous nous sommes mis à la poursuite des troupes arabes, qui s'étaient retirées et campées dans le désert, mais la première nuit de marche me fut bien funeste. J'étais à l'avant-garde, nous tombâmes sur un corps de cavalerie ennemie, et la vivacité de mon cheval, que vous avez connue, a causé tout mon malheur ; il sautait comme un lion sur les chevaux et cavaliers ennemis, mais malheureusement, en se cabrant, il tomba à la renverse ; et moi, pour éviter d'être écrasé, je me jetai par côté. Comme c'était la nuit, je n'eus pas le temps de le saisir, il se releva et partit comme l'éclair avec la cavalerie ennemie qui abandonna le champ de bataille.

« J'avais mis ce que j'avais de plus mauvais sur le corps; pour conserver ce qui était neuf dans mon portemanteau, de sorte que je perdis mon cheval tout harnaché, mes pistolets, mon manteau, portemanteau, tous mes effets qui étaient dedans, ainsi que vingt-quatre louis en argent que j'avais reçus à Marseille pour mes appointements arriérés, et le plus essentiel encore est mon portefeuille, qui contenait tous mes papiers.

« Je me trouvai tout à coup dépouillé de tout, et obligé de marcher nu-pieds pendant dix-neuf jours sur le sable brûlant et les graviers dans le désert, car, le lendemain de cette malheureuse affaire, je perdis les semelles des vieilles bottes que j'avais aux jambes; mon habit et ma vieille culotte furent bientôt déchirés en mille morceaux ; ne trouvant pas un peu de pain pour s'alimenter, ni une goutte d'eau pour s'humecter la bouche... »

Pour terminer, ce mot de Savary. Il fait l'objet de recommandations plus pratiques, terre à terre, si l'on veut, mais non moins intéressantes. Il écrit à un de ses camarades :

« ... Si tu trouves le moyen d'acheter quelques bouteilles de bon rhum, fais-le. Nous vivons ici beaucoup plus mal que nous n'avons jamais vécu de la vie. Pas une goutte de vin ni d'eau-de-vie. Ton frère te recommande de faire en sorte d'en faire débarquer des bâtiments de Civita-Vecchia, le plus que tu pourras, et, s'il le faut, un tonneau de l'un et de l'autre...

« ... Souviens toi : — vin, eau-de-vie et rhum; il y a un siècle que nous en avons le plus grand besoin. Il y en a ici peu, extrêmement mauvais, hors de prix, et l'on ne peut s'en procurer.

« Une chose que l'on te prie de faire, c'est d'embarquer les ballots de souliers et de chemises de la division comme équipages du général Desaix ; les soldats en sont nus, — et on les prendrait pour d'autres.

« Si tu as besoin d'argent, sers-toi du mien, et tiens-en compte.

« Adieu ! nous t'attendons, fais pour le mieux, surtout souviens-toi que nous n'aurons de vin et d'eau-de-vie que ce que tu apporteras... Au nom de Dieu, apportes-en du convoi, et de l'eau-de-vie. Toute l'armée a la diarrhée à force de boire de l'eau. Pour Dieu, du vin, de l'eau-de-vie et du rhum, et n'oublie pas les effets du général Belliard ; ne lui laisse rien là-bas, que le moins possible. — Pour Mireur, tu sais qu'il a été tué.

« Adieu,
« SAVARY. »

On remarquera la brièveté stoïque de la dernière phrase.

Bonaparte était depuis quelques jours à peine au Caire, lorsque l'on apprit qu'Ibrahim-Bey, retiré à Belbeïs, se disposait à tenir la campagne, et réunissait autour de lui les Mameluks épars dans la contrée. Il importait d'y mettre bon ordre, avant qu'il fût en tête de forces imposantes. Bonaparte se chargea de l'expédition. Il rencontra dans sa marche une caravane qui, à son retour de la Mecque, avait été attaquée, pillée et dispersée par les Arabes. Le général français la prit sous sa protection, donna la chasse aux pillards, et leur ravit une partie du butin, qu'il remit entre les mains de ses légitimes possesseurs. Cette conduite le plaça haut dans l'opinion, mais elle lui fit perdre un temps précieux. Ibrahim avait quitté Belbeïs ; il s'enfonçait dans le désert, traînant avec lui un riche convoi, ses femmes et ses trésors. Ardent et infatigable, Bonaparte se mit résolument à sa poursuite et l'atteignit au-delà de Salahieh.

Les Mameluks qui l'escortaient se déterminèrent à vendre chèrement leur vie, pour sauver sa personne et ses biens. Il s'engagea d'abord un terrible combat de cavalerie entre eux et deux escadrons de hussards et de chasseurs ; les dragons y prirent part ensuite, puis les guides : ce fut un véritable tourbillon où furent mêlés quelques

STEUBEN. DESAIX

compagnies d'infanterie. Cette lutte acharnée permit à Ibrahim de gagner du terrain; et les Mameluks, le voyant désormais en sûreté, quittèrent instantanément le champ de bataille. Dans ce tournoi héroïque, le chef d'escadron d'Estrées, du 7e de hussards, fut renversé de cheval et atteint de vingt blessures, l'aide de camp du général en chef, Sulkowski, reçut sept coups de sabre et plusieurs coups de feu. Il y eut peu de morts et quantité de blessés.

Il survint, sur ces entrefaites, un événement désastreux : ce fut la destruction de la flotte française à Aboukir. A son départ pour l'intérieur des terres, Bonaparte avait laissé l'amiral Brueys libre de stationner sur les côtes d'Égypte ou de se réfugier à Corfou. Le mieux eût été de pénétrer dans le vieux port d'Alexandrie; mais l'entrée en était si obstruée que ce passage était dangereux. Il n'était pourtant pas infranchissable. Le capitaine Berré en avait fait le relevé; il avait signalé les passes, leur profondeur; et, pour éviter une confusion, il avait eu soin de placer des barriques étalonguées, portant rouge à tribord en entrant, jaune à bâbord. Mais l'amiral y vit toujours tant de difficulté qu'il n'opéra jamais son transport, et resta stationnaire en rade d'Aboukir. Cette baie était la moins sûre que l'on pût rencontrer; le fond en était trop élevé pour longer la terre de près : il était nécessaire de se tenir à trois lieues au large. La flotte française était encore à se demander où elle pourrait s'abriter, quand on signala d'un de ses vaisseaux pavillon anglais : c'était une frégate envoyée par Nelson pour visiter la côte. La flotte anglaise parut peu de temps après à l'horizon.

Le danger approchait : combattrait-on à l'ancre ou à la voile ? Cette question fut longtemps agitée. Le contre-amiral Blanquet-Duchayla fut seul d'avis de se porter au-devant des vaisseaux anglais, soutenant avec raison qu'une escadre ne peut s'embosser qu'appuyée sur des forts munis de pièces à longue portée; or il n'y avait pour tout soutien que l'îlot d'Aboukir, muni de 2 pièces de 12 et de 2 mortiers. La flotte se mit en ligne à partir de l'îlot et attendit l'ennemi; seulement, l'amiral eut le tort de laisser un trop grand intervalle entre l'îlot et sa tête de ligne, ainsi qu'entre chacun de ses vaisseaux. Ce fut pour lui une cause de ruine.

Nelson ne perdit pas son temps : aperçu à deux heures, il attaquait à six. Il fit passer une partie de ses vaisseaux entre l'îlot et la

Révolte du Caire
(21 octobre 1798).

flotte française, et dirigea les autres parallèlement en mer, de manière à prendre son adversaire entre deux feux. Le *Culloden*, qui tenait la tête de ligne, s'échoua sur les hauts-fonds; les autres, prenant mieux leur passe, glissèrent le long des vaisseaux français, essuyant leurs bordées sans riposter jusqu'à ce qu'ils fussent arrivés au vaisseau amiral, septième de la ligne. Il était six heures et demie et le soleil rasait l'horizon, quand les deux escadres s'attaquèrent; la nuit, au lieu de ralentir le combat, le rendit plus intense. Deux vaisseaux que Nelson avait détachés pour reconnaître le port d'Alexandrie, arrivant à la nuit close, se placèrent par le travers de la ligne française, et augmentèrent, par cette manière hardie, les dangers de *l'Orient* et du *Franklin*, où étaient Brueys et Duchayla. On se battit avec un acharnement sans exemple. Les vaisseaux français tâchaient de racheter, par l'énergie et la rapidité de leur tir, le désavantage de leur position.

Brueys est blessé; on lui conseille de se retirer : « Non », dit-il : « un amiral français meurt sur son banc de quart. » Et il est coupé en deux par un boulet. Duchayla est atteint à la figure. Quand il revient à la connaissance, on lui dit qu'il ne reste plus que 3 canons de 36 pour défendre le vaisseau : « Tirez toujours », s'écrie-t-il, « votre dernier boulet peut être funeste à l'ennemi. » Dupetit-Thouars, criblé de blessures, ayant eu les deux jambes et un bras emportés, fait jurer à ceux qui l'entourent de ne pas se rendre et il expire. Nelson, frappé d'un éclat de mitraille à la tête, se croit à la dernière heure; la peau du front lui couvre les yeux. On le descend dans le faux pont. Il s'aperçoit que le crâne est intact, et prend à peine le temps de mettre un bandeau. Le feu éclate dans plusieurs vaisseaux : trois fois on l'éteint à bord du *Franklin*; *l'Orient*, moins heureux, est en proie aux flammes; les soldats reculent à mesure qu'elles gagnent, font feu de leurs dernières pièces et se jettent à la mer par les sabords. Une colonne de flammes jaillit soudain et monte jusqu'au ciel, une détonation épouvantable se fait entendre, puis succèdent un lugubre silence, une profonde obscurité, et l'on entend tomber tout alentour, dans la mer et sur les vaisseaux, des mâts, des vergues, des canons, des cadavres, des débris de toute espèce. Pour la quatrième fois, le feu se communique au *Franklin* par la chute de tronçons de bois enflammés; les matelots, malgré la fatigue qui les excède, disputent encore à l'incendie la carcasse de leur bâtiment.

L'explosion de *l'Orient* avait arrêté la canonnade : les deux escadres étaient demeurées dans une sorte de stupeur. Elle reprend avec une nouvelle activité; mais vainqueurs et vaincus sont dans un si pitoyable état que le feu se ralentit de lui-même. Plusieurs vaisseaux sont échoués, les autres ne peuvent plus manœuvrer; seule, l'arrière-garde française n'a rien souffert. Elle peut tomber sur les vaisseaux anglais et achever leur ruine : elle n'en fait rien. Le contre-amiral Villeneuve semble ne rien prévoir; il attend toujours des ordres quand on ne peut plus lui en donner. Qu'au commencement de l'action il se soit avancé parallèlement à l'avant-garde et au centre, qu'il ait enveloppé les Anglais, la lutte n'aurait été ni longue ni douteuse : la première ligne anglaise, chauffée vigoureusement, aurait été rejetée sur les hauts-fonds, et la seconde écrasée entre deux feux. Il laissa son amiral lutter entre deux feux et ne bougea point. Qu'à la fin de l'action il soit intervenu résolument, et qu'il ait achevé de ruiner des bâtiments déjà fort maltraités, le succès de la journée aurait également appartenu à notre pavillon. Il préféra demeurer inactif, et se retira sur Malte avec 2 vaisseaux et 2 frégates, n'ayant presque point d'avaries, quand les Anglais n'avaient pas deux vaisseaux capables de manœuvrer. Il fut peut-être plus malheureux que coupable. Il est facile, après une action, de voir ce que l'on aurait dû faire; mais quand, plongé dans la fumée et l'obscurité, l'on peut à peine distinguer l'ennemi, l'hésitation est permise. Il est injuste d'exiger de qui que ce soit une perspicacité surhumaine.

Bonaparte reçut la nouvelle de ce désastre avec une réelle grandeur d'âme. Au lieu de se livrer à d'inutiles récriminations sur un

Le général Bonaparte fait grâce aux révoltés du Caire.
(Octobre 1798).

événement qu'il n'était plus au pouvoir de personne de réparer, il chercha à sortir de son mieux de la fâcheuse position où il était placé. « Nous voilà séparés de la mère patrie, sans communications assurées », dit-il à ses généraux : « Eh bien! Il faut savoir nous suffire à nous-mêmes. L'Égypte est remplie d'immenses ressources : il faudra les développer. Autrefois l'Égypte, à elle seule, formait un puissant royaume : pourquoi cette puissance ne serait-elle pas recréée et augmentée des avantages qu'amènent avec elles les concurrences actuelles, les sciences, les arts et l'industrie? Il n'y a aucune limite qu'on ne puisse atteindre, de résultat qu'on ne puisse espérer. Quel appui pour la République que cette position offensive contre les Anglais! Quel point de départ pour les conquêtes que l'écroulement possible de l'empire ottoman peut mettre à notre portée! Des secours partiels peuvent toujours nous être envoyés de France; les débris de l'escadre offriront des ressources importantes à l'artillerie. Nous deviendrons facilement inexpugnables dans un pays qui n'a pour frontières que des déserts et une côte plate et sans abri. La grande affaire pour nous, la chose importante, c'est de préserver l'armée d'un découragement qui serait le germe de sa destruction. C'est le moment où les caractères d'un ordre supérieur doivent se montrer : il faut élever la tête au-dessus des flots de la tempête, et les flots seront domptés. Nous sommes peut-être destinés à changer la face de l'Orient, et à placer nos noms à côté de ceux que l'histoire ancienne et celle du moyen âge rappellent avec le plus d'éclat à nos souvenirs. »

Les généraux étaient à la hauteur de son caractère; ils acceptaient de bon cœur l'épreuve à laquelle les soumettait la fortune. L'armée se confiait à ses chefs. Ce désastre, qui aurait ruiné toute autre expédition, en abattant l'énergie, parut produire un effet contraire. « Cet événement », écrivait Kléber à Bonaparte, « n'a produit chez le soldat qu'indignation et vengeance. Quant à moi, il m'importe peu où je dois vivre, où je dois mourir, pourvu que je vive pour la gloire de nos armes et que je meure ainsi que j'ai vécu. Comptez donc sur moi dans tout concours de circonstances, ainsi que sur ceux à qui vous ordonnez de m'obéir. »

Bonaparte s'occupa immédiatement de civiliser le pays. Il célébra avec les Égyptiens la fête du Nil et celle du Prophète, fit distribuer de l'argent au peuple, revêtit lui-même d'une pelisse noire le mollah chargé de la garde du metrias ou nilomètre, et d'une pelisse blanche l'intendant des eaux. Les principaux officiers civils et militaires de l'Égypte eurent aussi une grande part à ses largesses. A l'occasion de la fête du Prophète, la ville du Caire fut splendidement illuminée, il y eut parade extraordinaire de la garnison.

A ces fêtes égyptiennes se joignaient aussi des fêtes patriotiques, qui rappelaient au cœur du soldat le souvenir de la patrie. Ce fut un touchant spectacle de voir ces braves gens célébrer sur les bords du Nil l'anniversaire de la fondation de la République. Bonaparte ne négligea rien pour donner de la pompe à la solennité. Le discours qu'il adressa à ses troupes les échauffa encore davantage. Il leur rappela leurs exploits à Toulon, en Italie et sur le sommet des Alpes; leurs triomphes sur la Drave et l'Isonzo : qui eût dit alors que ces mêmes soldats seraient bientôt sur les bords du Nil, et qu'après avoir effrayé l'Europe ils feraient trembler le hideux et féroce Bédouin ? Il leur dit que leur destinée était belle, qu'ils étaient appelés à mourir avec gloire ou à vivre avec honneur; et ils crurent, et ils applaudirent, se regardant comme dignes d'envie dans leur position précaire.

Le reste de l'armée française guerroyait aux deux extrémités de l'Égypte. Desaix chassait devant lui, vers la Haute-Égypte, Mourad-Bey et ses Mameluks ; il soutenait contre eux une lutte terrible, et les refoulait chaque jour davantage. La bataille de Sédiman lui livra enfin la fertile province de Fayoum, et sépara les Mameluks des Arabes. A l'autre extrémité du pays, dans le delta, les troupes françaises étaient sans cesse en alerte, occupées à lutter contre les incur-

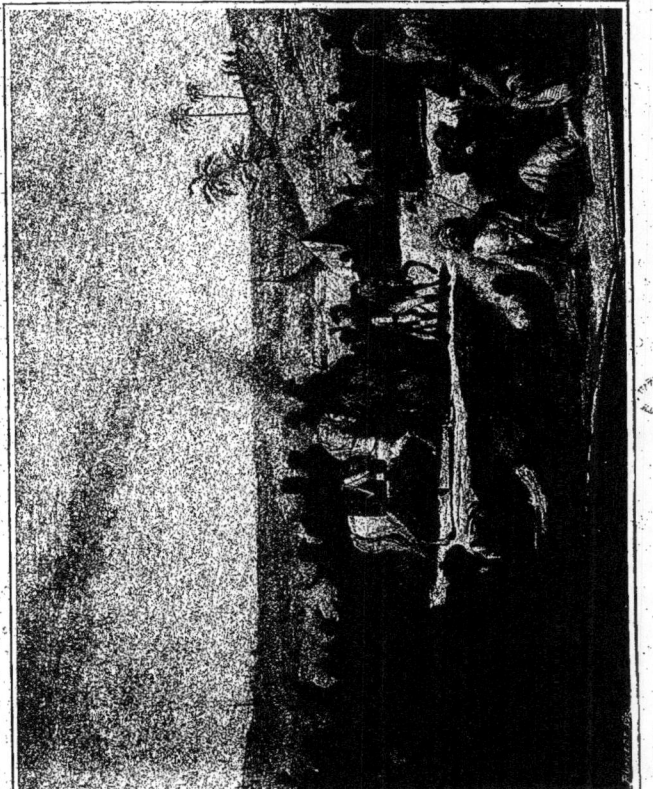

Berthelemy. Le général Bonaparte visite les fontaines de Moïse près le mont Sinaï (28 décembre 1798).

sions des Arabes. Menou et Marmont défendent le cours du Nil, sur Rosette; Vial et Andréossy, souvent aux prises avec les Arabes de Charquich, engagent sur le lac Menzaleh, avec une légère flottille, un combat hasardeux contre plus de 100 djermes ennemies.

Tout faisait présager la conquête prochaine du pays, quand un événement fortuit faillit compromettre la vie même des soldats. Un sieur Poussielgue, nommé administrateur général des Finances, avait proposé au général en chef d'établir le droit d'enregistrement sur les concessions territoriales. Cette simple mesure fut l'étincelle qui mit le feu aux poudres. Les Égyptiens avaient souffert que le gouvernement fût renversé, que la liberté fût asservie par une poignée de soldats, que des chrétiens dominassent chez eux ; après tant de sacrifices, ils ne purent se soumettre à cette simple formalité. La plèbe, qui ne possédait rien, et que cette mesure fiscale ne concernait pas, se mit à crier de toutes ses forces que c'était là une mesure vexatoire, tyrannique, la plus insupportable de toutes. Les mosquées retentirent de prédications séditieuses ; le fanatisme égara la raison, et, le 21 octobre, une foule immense, fière de son nombre et du tumulte qu'elle causait, se porta aux principaux logements des Français, pour les égorger.

La maison du général Caffarelli fut la première investie ; deux ingénieurs, Thévenot et Duval, y trouvèrent la mort. Le palais de Casim-bey, où séjournaient les savants et les artistes, fut attaqué ensuite. Les membres de la commission s'y barricadèrent, et tinrent en échec cette lâche multitude, qui, n'ayant que des armes fort médiocres et pas du tout de courage, se contenta de hurler au dehors. Informé de ce qui se passait, le général Dupuy, commandant au Caire, s'élance à la tête d'un piquet de dragons, et est assailli de pierres et de morceaux de bois. Méprisant un ennemi de cette espèce, il le chasse devant lui comme un vil troupeau. Mais, enfermé dans une rue étroite et cerné par la multitude, qui ne peut plus reculer, il est bientôt couvert de blessures et de contusions. Un coup de lance l'atteint au-dessous de l'aisselle, et lui fait une plaie mortelle. Son aide de camp, le capitaine Maury, est renversé de cheval presque au même instant. Quoique frappé à mort, Dupuy se baisse vers lui et lui tend la main ; ce mouvement fait sortir le sang à gros bouillons ; il tombe évanoui. Les dragons le dégagent à coups de sabre, et le remportent mourant.

La nouvelle de sa mort, répandue aussitôt dans la ville, excita des sentiments divers, suivant qu'elle fut annoncée aux Français et aux meurtriers ; ces derniers y virent un présage de victoire et n'en furent que plus ardents ; ceux qui, parmi les Français, en furent plus abattus, n'en témoignèrent que davantage leur colère. Le général Bon dirigea sur les principales rues de nombreux détachements d'infanterie, et le canon d'alarme annonça au loin le danger. Bonaparte, qui était à l'île de Roudah, occupé à étudier avec son état-major la construction d'un établissement militaire, se hâta de revenir. Il trouva les deux premières portes du Caire fermées, et ne put entrer dans la ville que par la chaussée de Boulah. La nuit étant survenue, la plus grande partie des insurgés se retira dans les maisons ; plusieurs milliers d'autres se retranchèrent dans la grande mosquée d'El-Hazar, résolus à s'y défendre jusqu'à la mort.

Le combat recommença avec le jour ; mais, pendant la nuit, le général en chef avait pris ses dispositions, et les insurgés furent foudroyés de toutes parts. Le chef de brigade Sulkowski, aide de camp du général en chef, sortit de la ville et alla donner la chasse aux Arabes qui venaient, sur le chemin de Belbeïs, au secours des révoltés. Son expédition fut rapide et heureuse : l'ennemi se dispersa sans tirer un coup de fusil. A sa rentrée dans la ville, Sulkowski se heurta contre la foule qui lui disputait la porte d'El-Nan. Déjà il avait renversé les premiers rangs à coups de sabre, quand son cheval, effrayé des clameurs que poussaient les révoltés, se jeta de côté et le renversa. Il fut aussitôt assassiné. Sa mort causa un vif chagrin à ses compagnons d'armes, et notamment au général en chef, qui avait pour lui une sincère amitié. Bonaparte résista néanmoins au désir de vengeance, au point d'envoyer un parlementaire à ceux qui s'étaient réfugiés dans la grande mosquée. Cette condescendance tourna à son détriment. Les insurgés, s'imaginant qu'il demandait grâce, s'exhor-

Renaud, sc.
Général Bon

tèrent mutuellement à la résistance, et refusèrent de rien entendre aux propositions qui leur furent faites. Il fallut bombarder la mosquée; l'on s'y résigna, et bientôt les boulets et les obus l'eurent mise dans un état pitoyable.

Par un hasard singulier, un orage, chose tout à fait extraordinaire en Égypte à cette saison, éclata sur la ville, et des tonnerres affreux portèrent la terreur dans les cœurs les plus résolus. Les récits contemporains sont unanimes à affirmer que cet événement accidentel contribua plus que la canonnade à ramener le calme dans cette populace fanatisée. Les chefs de l'émeute se décidèrent enfin à implorer la clémence de Bonaparte. « Vous avez refusé ma clémence quand je vous l'offrais », répondit le général, « l'heure de la vengeance est sonnée : vous avez commencé, c'est à moi de finir. » Les révoltés qui occupaient la mosquée, voyant toute voie de conciliation désormais impossible, tentèrent une sortie désespérée; ils furent reçus à la pointe de la baïonnette, et ceux qui s'obstinèrent à foncer trouvèrent la mort. La vengeance s'exerça impitoyablement; le Divan fut cassé et remplacé par une commission militaire.

Un ordre émané des cheykhs et des légistes du Caire annonça à l'Égypte ce qui était arrivé, tout en recommandant de garder la paix et de favoriser les troupes françaises, si l'on voulait détourner de soi les châtiments. « Nous vous invitons, habitants de l'Égypte », disaient-ils, « à ne point vous livrer à des projets de désordre, de sédition et de rivalité ; ne cherchez pas à nuire aux troupes françaises. Le résultat d'une conduite contraire à nos conseils attirerait sur vous les malheurs, la mort et la destruction. N'écoutez pas les discours des méchants et les insinuations perfides de ces gens turbulents et factieux, qui ne se plaisent que dans les excès et dans les crimes : vous auriez trop lieu de vous en repentir. N'oubliez pas aussi qu'il est en votre devoir de payer les droits et les impositions que vous devez au Gouvernement et aux propriétaires des terres, afin que vous jouissiez, au milieu de votre famille et dans le sein de votre patrie, du repos et de la sécurité. Le général en chef Bonaparte nous a promis de ne jamais inquiéter personne dans l'exercice de l'islamisme, et de ne rien faire de contraire à ses saintes lois; il nous a également promis d'alléger les charges du peuple, de diminuer les impositions et d'abolir les droits arbitraires que la tyrannie avait inventés. Cessez enfin de fonder vos espérances sur Ibrahim et Mourad, et mettez toute votre confiance en Celui qui dispense à son gré des empires et qui a créé les humains. Le plus religieux des prophètes a dit : « La sédition est endormie ; maudit soit celui qui la réveillera ! »

Bonaparte mit à profit ce calme succédant à la tempête, pour faire de l'Égypte une terre de civilisation et d'avenir. Pour charmer à la fois les soldats et les indigènes, il créa des promenades, des salles de jeu, des journaux, des cabinets de lecture, des cafés, et appela au sein de la capitale de l'Égypte le luxe et les délices de la capitale de la France. Il fonda l'Institut d'Égypte, et chargea les savants de faire fleurir en même temps les arts et l'industrie. A sa voix la terre sembla changer de place : le Caire vit s'élever dans ses murs des ateliers pour la fabrication de la poudre, des fonderies, des usines, des manufactures d'où sortirent des canons, des boulets, de l'acier, des sabres, des instruments d'optique et de mathématiques, des draps, des toiles vernissées, du papier, du carton, et jusqu'aux pièces destinées aux feux d'artifice. Les habitants, étonnés de tant de merveilles, revenaient à des sentiments plus équitables. Bonaparte leur accorda une nouvelle assemblée de cheykhs, tant du Caire que des autres provinces, et il organisa la justice sur le modèle de la législation européenne.

Cette innovation d'un régime plus parfait, contrastant avec la conduite capricieuse des Mameluks, acheva de rallier l'opinion. Il lança alors une des proclamations les plus fameuses qu'il ait jamais écrites : « Habitants du Caire, disait-il, ces hommes pervers avaient égaré une partie d'entre vous ; ils ont péri. Dieu m'a ordonné d'être clément et miséricordieux pour le peuple : j'ai été clément et miséricordieux envers vous. J'ai été fâché contre vous de votre révolte ; je vous ai privés, pendant deux mois, de votre Divan ; mais aujourd'hui je vous le restitue, votre bonne conduite efface la tache de votre révolte. Chérifs, ulémas, orateurs des mosquées, faites bien connaître au peuple que ceux qui, de gaieté de cœur, se déclareront mes ennemis, n'auront de refuge ni dans ce monde ni dans l'autre. Y aurait-il un homme assez aveugle pour ne pas voir que le destin lui-même dirige toutes mes opérations ? Y aurait-il quelqu'un assez incrédule pour révoquer en doute que tout, dans ce vaste univers, est soumis à l'empire du destin ? Faites connaître au peuple que, depuis que le monde est monde, il était écrit qu'après avoir détruit les ennemis de l'islamisme, fait abattre les croix, je viendrais remplir la tâche qui m'a été imposée. Faites voir au peuple que, dans le saint livre du Coran, dans plus de vingt passages, ce qui arrive a été prévu, et ce qui arrivera est également expliqué.

« Que ceux que la crainte seule de nos armes empêche de nous maudire changent : car, en faisant au Ciel des vœux contre nous, ils sollicitent leur condamnation ; que les vrais croyants fassent des vœux pour la prospérité de nos armes. Je pourrais demander à chacun de vous compte des sentiments les plus secrets de son cœur, car je sais tout, même ce que vous n'avez jamais dit à personne. Mais un jour viendra que tout le monde verra avec évidence que je suis conduit par des ordres supérieurs, et que tous les efforts humains ne peuvent rien contre moi. Heureux ceux qui, de bonne foi, sont les premiers à se mettre avec moi ! »

Toutefois, comme il fallait préparer des moyens de défense, de manière à mettre le Caire et l'Égypte à l'abri de tout coup de main, non seulement de la part des habitants, mais aussi de celle d'un ennemi quelconque, des travaux de fortifications s'élevèrent de point en point autour du Caire, à Boulak et le long du Nil, jusqu'aux extrémités du Delta. Alexandrie fut en partie l'objet des soins les plus minutieux. Il ne manquait, pour rendre à l'Égypte son ancienne prospérité, que de rechercher et d'ouvrir l'ancien canal qui unissait la mer Rouge à la Méditerranée. Bonaparte n'hésita pas à se rendre à Suez, pour étudier par lui-même cette grave question. Il se fit précéder par le général Bon et escorter par les savants Monge, Berthollet, Costaz et Bourrienne. Le 26 décembre, il arriva à Suez. Il

Pastet.

Combat d'Aboumanax (Haute-Égypte)
(17 février 1799).

employa la journée du 27 à visiter la ville et à donner quelques ordres pour l'établissement d'une batterie qui pût protéger le chenal et le port. Le 28, il partit à cheval pour se rendre aux fontaines de Moïse. Il traversa, à trois heures du matin, le Madieh, bras de mer guéable à marée basse, qui a trois quarts de lieue de large. Le contre-amiral Ganteaume monta une chaloupe canonnière, embarqua des sapeurs, les ingénieurs, plusieurs savants, et s'y rendit par mer. Les fontaines de Moïse sont à trois lieues de Suez; on en compte neuf. Ce sont des sources d'eau sortant des mamelons élevés de quelques toises au-dessus de la surface du sol. Elles proviennent des montagnes qui sont à quatre lieues de là. Ces sources sont à 1500 mètres de la mer. On y voit les ruines d'un aqueduc et de plusieurs magasins qui avaient été construits par les Vénitiens au XV° siècle, lorsqu'ils voulurent intercepter aux Portugais la route des Indes. Les sapeurs commencèrent de fouiller, ils travaillèrent jusqu'à la nuit. Le général en chef monta à cheval pour retourner à Suez. Ceux qui étaient venus par mer s'embarquèrent sur la canonnière. A neuf heures du soir, les chasseurs d'avant-garde crièrent qu'ils enfonçaient. On appela les guides; les soldats s'étaient amusés à les griser avec de l'eau-de-vie et il fut impossible d'en tirer aucun renseignement. On était hors de route. Les chasseurs s'étaient guidés sur un feu qu'ils avaient pris pour les lumières de Suez; c'était le fanal de la chambre de la chaloupe canonnière, ce que l'on remarqua promptement : il changeait de place à chaque instant. Les chasseurs s'orientèrent et déterminèrent la position de Suez. Ils se mirent en marche à cinquante pas l'un de l'autre; mais, après avoir fait 500 mètres, le chasseur de tête cria qu'il enfonçait. Il fallut replier cette ligne, et, en tâtonnant ainsi dans plusieurs directions, ils eurent le bonheur de trouver la véritable. A dix heures du soir, l'escadron était rangé en bataille au milieu du sinus, les chevaux ayant de l'eau jusqu'au ventre; le temps était noir, la lune ne se levait cette nuit-là qu'à minuit, la mer était un peu agitée, et le vent paraissait vouloir fraîchir, la marée montait, il y avait autant de danger à aller en avant qu'à reculer. La position devint assez critique pour que Bonaparte dît : « Serions-nous venus ici pour périr comme Pharaon ? Ce sera un beau texte pour les prédicateurs de Rome. » Mais l'escorte était composée de soldats de huit à dix ans de service, fort intelligents. Ce furent Louis, maréchal des logis, et Carbonnel, brigadier, qui découvrirent le passage. Louis revint à la rencontre, il avait touché bord, mais il n'y avait pas un moment à perdre. L'eau montait à chaque moment. Caffarelli était plus embarrassant que les autres à cause de sa jambe de bois; deux hommes de cinq pieds dix pouces, nageant parfaitement bien, se chargèrent de le sauver ; c'étaient des hommes d'honneur, dignes de toute confiance. Rassuré sur ce point, le général en chef se hâta de gagner la terre. Se trouvant sous le vent, il entendit derrière lui une vive dispute et des cris. Il supposa que les deux sous-officiers avaient abandonné Caffarelli. Il retourna sur ses pas : c'était l'opposé; celui-ci ordonnait aux deux hommes de l'abandonner. « Je ne veux pas, leur disait-il, être la cause de la mort de deux braves : il est impossible que je puisse m'en tirer, vous êtes en arrière de tout le monde ; puisque je dois mourir, je veux mourir seul. » La présence du général en chef fit finir cette querelle. On se hâta, on toucha terre, Caffarelli en fut quitte pour sa jambe de bois, ce qui lui arrivait du reste toutes les semaines. La perte fut légère, quelques carabines et quelques manteaux. L'alarme était au camp. Des officiers eurent la pensée d'allumer des feux sur le rivage, mais ils n'avaient pas de bois. Ils démolirent une maison, ce qui demanda du temps. Cependant, le premier feu était allumé lorsqu'on prit terre. Les plus vieux soldats, qui avaient appris leur Histoire Sainte, racontaient la fuite de Moïse, la catastrophe de Pharaon, et ce fut pendant longtemps l'objet de leurs entretiens.

Halte de l'armée française a Sienne (Haute-Égypte)
(2 février 1799).

SUR LE NIL

Mourad-Bey, qui avait conduit les Mameluks au combat des Pyramides, s'était retiré dans la Haute-Égypte, où Desaix avait reçu l'ordre de le poursuivre. Il partit du Caire le 25 août 1798, s'embarqua sur le Nil et alla rejoindre sa division, le 29, à Al-Fiéli; de là il se mit aussitôt en marche.

Les Mameluks s'étaient réfugiés dans le Fayoum, d'où ils suivaient tous les mouvements de l'armée française. Harcelée par un ennemi qui se présentait sans cesse devant elle et qui refusait toujours le combat, elle eut à surmonter des obstacles et à supporter des privations de tous genres. Desaix prit successivement possession de Bené, d'Aba-Girgé, de Siouth, de Menekia et de Mansoura, le 6 octobre 1798. Informé par ses espions que Mourad-Bey avait l'intention de l'attendre à Sediman et de lui livrer bataille, il se dispose à l'attaquer lui-même.

Le 16, au lever du soleil, la division se met en mouvement; elle est formée en carrés, avec des pelotons de flanc; elle suit l'inondation et le bord du désert. A huit heures, on aperçoit Mourad-Bey à la tête de son armée, composée d'environ 3.000 Mameluks et de 8 à 10.000 Arabes. L'ennemi s'approche, entoure la division et l'attaque avec la plus grande impétuosité, sur toutes ses faces; mais, de tous côtés, il est vivement repoussé par le feu de l'artillerie et de la mousqueterie; les plus intrépides des Mameluks, désespérant d'entamer la division, se précipitent sur l'un des pelotons de flanc, commandé par le capitaine Lavallette. Furieux de la résistance qu'ils éprouvent et de l'impuissance où ils sont de l'enfoncer, les plus braves se jettent en désespérés dans les rangs, où ils expirent, après avoir vainement employé à leur défense les armes dont ils sont couverts, leur carabine, leurs javelots, leur lance, leur sabre et leurs pistolets. Ils tâchent, du moins, de vendre chèrement leur vie et tuent plusieurs chasseurs.

De nouveaux détachements de Mameluks saisissent ce moment pour charger deux fois le peloton entamé; les chasseurs se battent corps à corps, et, après des prodiges de valeur, se replient sur le carré de la division. Mourad-Bey, après avoir fait charger les autres pelotons sans plus de succès, divise sa nombreuse cavalerie, qui n'avait encore agi que par masses, et fait entourer la division. Il couronne quelques monticules de sable, sur l'un desquels il démasque une batterie de plusieurs pièces de canon qui ouvrent un feu meurtrier.

Desaix, devant un ennemi six fois plus fort que lui, et dans une position où une retraite difficile sur ses barques le forçait à abandonner ses blessés, juge qu'il faut ou vaincre ou se battre jusqu'au dernier homme. Il lance sa division sur la batterie ennemie, qui est enlevée à la baïonnette.

Maître des hauteurs et de l'artillerie de Mourad-Bey, il fait alors diriger une vive canonnade sur l'ennemi, qui fuit bientôt de toutes parts. Trois beys et beaucoup de krachefs restent sur le champ de bataille, ainsi qu'une grande quantité de Mameluks et d'Arabes.

Après avoir séjourné quelque temps à Siouth et à Girgé, Desaix continue sa marche dans la Haute-Égypte. On traverse Thèbes, dont les ruines étonnent toujours, et l'on se dirige sur Hesney, puis à Sienne, où l'on arrive le 1ᵉʳ février 1799. Au prix de fatigues inouïes, l'armée avait franchi les déserts et chassé l'ennemi devant elle.

« Le second jour après notre arrivée, raconte Volney, il y avait déjà, dans les rues de Sienne, des tailleurs, des cordonniers, des

Lecourbe

orfèvres, des barbiers français avec leur enseigne, des traiteurs et des restaurants à prix fixe. La station d'une armée offre le tableau du développement le plus rapide des ressources de l'industrie; chaque individu met en œuvre tous ses moyens pour le bien de la société; mais ce qui caractérise particulièrement une armée française, c'est d'établir le superflu en même temps et avec le même soin que le nécessaire. Il y avait jardins, cafés et jeux publics, avec des cartes faites à Sienne. Au sortir du village, une allée d'arbres alignés se dirigeait au nord; les soldats y mirent une colonne militaire avec l'inscription : *Route de Paris, numéro onze cent soixante-sept mille trois cent quarante.* C'était quelques jours après avoir reçu une distribution de dattes pour toute ration qu'ils avaient des idées si plaisantes et si philosophiques. »

Le général Desaix avait établi son quartier général à Hesney. On lui apprend qu'Osman-Bey-Hassan est revenu sur les bords du fleuve et continue d'y faire vivre sa troupe. Desaix, ne voulant pas lui permettre de séjourner aussi près de lui, envoie le général Davout à sa poursuite avec des chasseurs et des dragons.

Le 12 février, Davout rencontre l'ennemi. Il forme sa cavalerie sur deux lignes et s'avance avec rapidité contre les Mameluks, qui ont d'abord l'air de vouloir se retirer. Mais, tout à coup, ils font volte-face, et fournissent une charge vigoureuse sous le feu meurtrier des dragons. Plusieurs Mameluks tombent sur place. Le chef d'escadron Fontelle est frappé d'un coup de sabre. Osman-Bey a son cheval tué sous lui; il est lui-même dangereusement blessé. A leur tour les chasseurs se précipitent sur l'ennemi. On lutte corps à corps; le carnage devient affreux; mais, malgré la supériorité des armes et du nombre, les Mameluks sont forcés d'abandonner le champ de bataille, où ils laissent un grand nombre des leurs. Ils se retirent rapidement vers leurs chameaux, qui, pendant le combat, avaient continué leur route dans le désert.

Parmi les beaux traits qui ont marqué cette mémorable

journée, il faut noter celui de l'aide de camp du général Davout, Montélégier, qui, blessé au plus fort du combat et ayant eu son cheval tué sous lui, saute sur le cheval d'un Mameluk et sort ainsi de la mêlée.

A la voix de Mourad-Bey, qui les appelait à soutenir jusqu'au bout la lutte contre les Français, tous les habitants de l'Égypte supérieure, depuis les cataractes jusqu'à Girgé, s'étaient mis en armes ; les cheykhs d'Yambo et de Geda passent la mer Rouge. Osman-Bey réunit les Mameluks. De tous côtés de nouvelles troupes viennent rejoindre leurs chefs. Défait à Samanhout, à Kené, par le général Desaix, l'ennemi se représente sans cesse.

Après le combat de Kené, les Arabes d'Yambo s'étaient retirés dans les déserts d'Aboumana. Leur chérif, Hassan, fanatique exalté et entreprenant, les entretenait dans l'espoir d'exterminer les infidèles aussitôt que les renforts qu'il attendait seraient arrivés. Provisoirement il n'est rien qu'il ne mît en œuvre pour soulever tous les vrais croyants de la rive droite. A sa voix, les têtes s'échauffent, les bras s'arment : déjà une multitude d'Arabes est accourue à Aboumana. Des Mameluks fugitifs et sans asile s'y rendent également.

Le 17 février, le général Friant arrive près d'Aboumana, qu'il trouve rempli de gens armés. Les Arabes d'Yambo sont en avant, rangés en bataille. Ses grenadiers, à lui, sont déjà en colonne d'attaque. Après avoir essuyé plusieurs décharges d'artillerie, et à l'approche des grenadiers, la cavalerie ennemie et les paysans prennent la fuite ; mais les Arabes tiennent bon. Le général Friant s'apprête à tourner le village. Ils ne peuvent résister au choc terrible des grenadiers ; ils se jettent dans le village, où ils sont assaillis et mis en pièces.

Les Arabes d'Yambo eurent, dans cette journée, quatre cents morts et une foule de blessés.

Combat de Bexouth.
(8 mars 1799).

Le général Belliard, détaché du corps d'armée de Desaix, était resté à Sienne. A la suite de la précédente opération, Desaix, d'après des rapports, jugea que le point de ralliement des ennemis était à Siouth. En conséquence, il rassemble ses troupes, ordonne à Belliard, qui était descendu de Sienne à la suite des Mameluks, de laisser quatre cents hommes à Hesney, et de continuer à descendre, en observant bien les mouvements des Arabes d'Yambo, qu'il doit combattre partout où il les rencontrera.

Puis, pour ne pas donner à Mourad-Bey le temps de se réunir à Elphe-Bey, il se dirige sur Siouth. Le 8 mars, le général Belliard, après avoir passé le Nil à Elkamonté, arrive près de l'ancienne Cophtos, et, après avoir repoussé les Mameluks, il fait continuer la marche, et il arrive près de Benouth. Le canon tirait déjà sur les tirailleurs. Belliard reconnaît la position des ennemis, qui avaient placé quatre pièces de l'autre côté d'un canal extrêmement large et profond. Il lance ses carabiniers sur les pièces. Après un combat acharné, elles sont en notre pouvoir et tournées contre les ennemis. Ceux-ci se jettent pêle-mêle dans une mosquée, dans une grande barque, dans plusieurs maisons du village, dans l'une surtout dont ils avaient crénelé les murailles, et où ils avaient tous leurs effets et leurs munitions de guerre et de bouche.

Alors Belliard forme deux colonnes : l'une destinée à cerner de très près la grande maison, l'autre à entrer dans le village et à enlever de vive force la mosquée et toutes les maisons où se réfugieraient les ennemis. Les Arabes d'Yambo font feu de toutes parts. Les Français entrent dans la barque et mettent à mort tout ce qui s'y trouve. Le chef de brigade Eppler, excellent officier et d'une bravoure distinguée, commandait dans le village; il veut entrer dans la mosquée; une fusillade si vive en jaillit qu'il est obligé de se retirer. Alors on met le feu à la mosquée, et les Arabes qui la défendent y périssent; vingt autres maisons subissent le même sort;

en un instant le village ne présente que des ruines, et les rues sont jonchées de cadavres.

Quelques jours auparavant, Desaix et son état-major avaient laissé, ailleurs, des traces de leur passage, que l'on voit encore aujourd'hui.

Dans la Haute-Égypte, avant d'arriver à Assouan, sur le Nil, se trouve l'île de Philaë, le site le plus ravissant qu'il soit donné de voir. Là s'élèvent, magnifiques, couverts d'inscriptions et de tableaux de guerre, les restes du temple d'Isis, dont les colonnes, aux chapiteaux d'une si grande variété de formes, montent, légères, dans l'air ensoleillé. Sous le péristyle, sur une porte, une inscription frappe le regard : celle qu'y gravèrent les soldats de l'armée d'Égypte, en l'an VII de la République.

Au moment où Desaix et sa division y arrivèrent, l'une des faces intérieures de cette porte n'avait pas reçu d'hiéroglyphes, et semblait une page laissée libre, à dessein, par les Ptolémées, pour ceux qui, à force de gloire, acquerraient le droit de la remplir. Il devait appartenir à Desaix de se charger de cette besogne :

L'an VII de la République, le 12 messidor,
Une armée française,
commandée par Bonaparte,
est descendue à Alexandrie.
L'armée ayant mis, vingt jours après,
les Mameluks en fuite aux Pyramides,
Desaix, commandant la première division,
les a poursuivis au-delà des Cataractes
où il est arrivé le 13 ventôse de l'an VII.

Les généraux de brigade
Davout, Friant et Belliard,
Donzelot, chef de l'état-major,
Latournerie, commandant l'artillerie,
Eppler, chef de la 21ᵉ légère.
Le 13 ventôse an VII de la République;
3 mars, an de J.-C. 1799.

De même les savants de la commission d'Égypte inscrivirent

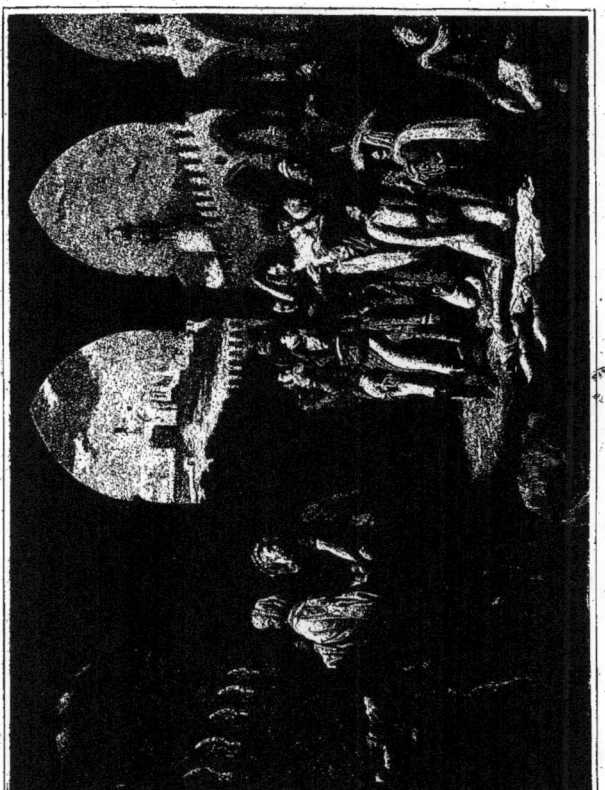

Bonaparte visite les pestiférés de Jaffa
(11 mars 1799).

sur l'un des murs des terrasses du temple, au-dessous de leurs noms, le résultat de leurs observations astronomiques :

R. F.
An VII.
Balzac, Coquebert, Corabœuf,
Costaz, Coutel, Lacipierre,
Ripault, Lepère, Méchain, Nouet,
Lenoir, Nectoux, Saint-Genis, Vincent,
Dutertre, Savigny.

Longitude depuis Paris, 30° 15′ 22″
Latitude boréale, 24° 30′ 45″

Les Arabes qui échappèrent à la terrible journée de Benouth, ballottés d'étape en étape, et ne sachant au juste où diriger leur course vagabonde, étaient enfin arrivés à Bernadi, où stationnaient de nombreux Arabes du Darfour, à qui Mourad-Bey avait donné rendez-vous. Davout les y poursuivit. Il fallut, pour les réduire, recourir aux mesures violentes déjà employées contre Benouth : deux mille personnes périrent au milieu des flammes. Desaix se proposait de chasser Mourad-Bey de son dernier refuge, en s'emparant de la grande oasis où il s'était retiré, quand il apprit, le 9 mai, que les Anglais avaient paru en face du port de Kosseïr, sur la mer Rouge. La place en elle-même n'était que d'une très médiocre importance : c'était une agglomération de cabanes étendues le long de la côte, où logeaient des marchands, des mariniers, et peu d'habitants à poste fixe. La ville n'était de valeur réelle qu'à cause du commerce qui s'y faisait. C'était le point de communication entre l'Arabie et l'Égypte, le port où les Arabes de la Mecque et d'Yambo avaient débarqué.

L'entreprise réussit au-delà de toute espérance. Desaix et son lieutenant Belliard marchèrent à grandes journées par le défilé de la Guitta, et s'emparèrent de la ville sans coup férir (27 mai). Les populations arabes campées entre le Nil et la mer Rouge, n'ayant plus d'intérêt à soutenir les beys, se rattachèrent dès lors au parti français, et le chérif de la Mecque lui-même rechercha l'amitié des dominateurs de l'Égypte. Assurées désormais de pouvoir voyager en paix, les caravanes de marchands et de pèlerins affluèrent plus nombreuses que par le passé. Cette expédition laissa quelque répit à Mourad-Bey; il en profita pour porter son audace et sa turbulence dans la Basse-Égypte, où s'était allumée une redoutable insurrection.

Le désordre n'était pas nouveau. Depuis le départ de l'armée de Syrie, le Delta avait été agité par des révoltes et un brigandage de chaque jour. Mustapha-Bey avait soulevé le Charquieh et attiré autour de lui quantité de fellahs et d'Arabes du désert. La branche orientale du Nil ne pouvait plus être fréquentée : deux barques portant six pièces de canon destinées à l'armée de Syrie avaient été capturées : les Français qui les montaient avaient péri, et l'on n'osait plus s'y aventurer. Les généraux Lanusse et Fugières parvinrent cependant, à force d'énergie, à rétablir l'ordre; mais ils furent rappelés sur la rive occidentale, où se passaient d'étranges choses.

Un aventurier fanatique à la solde de la Sublime Porte avait débouché des côtes de Barbarie, s'annonçant comme l'ange El-Mohdy, envoyé par le Très-Haut pour exterminer les Français. Il savait faire des tours de prestidigitation et paraissait tirer du feu de sa barbe. Il affirmait que les balles des Français retourneraient sur eux-mêmes; qu'en jetant de la poussière devant soi l'on rendait leurs canons impuissants, et que ceux-là seuls seraient atteints qui auraient besoin de ce genre de mort pour arriver au ciel. Toute la province de Baheirch se souleva d'un seul coup : les Djeouabis, les Ouadalis, les Anadis et les Foadis y arrivèrent successivement, ainsi que les Mameluks d'Osman-Bey. Cette horde fanatisée se porta sur le Delta, et parut, le 25 avril, devant la ville de Damanhour, défendue seulement par 60 hommes de la légion nautique. Ils furent brûlés dans une mosquée où ils s'étaient retirés. Cet exploit inspira aux rebelles une audace sans bornes. Le colonel Lefebvre parcourait alors la province de Baheirch, avec une colonne mobile de 200 hommes. Instruit

Combat de Nazareth
(Avril 1799).

de ce qui se passait, il avait précipité sa marche pour arrêter l'insurrection à son début. Il arriva trop tard à Damanhour pour soutenir les soldats de marine, et, ne se sentant pas de taille pour lutter contre un tel rassemblement, il se replia sur Rahmanieh, en attendant du secours. Le général Marmont lui envoya un bataillon de la 4ᵉ demi-brigade légère, 3 compagnies de grenadiers et 2 pièces de canon, sous les ordres du chef de bataillon Redon. Ce commandant eut le tort d'attaquer l'ennemi sans s'être joint au colonel Lefebvre, et il fut repoussé.

L'adjudant général Jullien le remplaça avec un renfort de 300 hommes et 4 pièces de canon. Cette poignée de Français osa affronter l'armée insurrectionnelle, qui ne comptait pas moins de 16.000 hommes. L'action fut terrible. Pendant plus de sept heures, une nuée d'ennemis répandue en tête, en flancs et en queue, ne put entamer un carré de 500 hommes. Semblable à une forteresse mobile qui vomissait la mort de tous côtés, le carré français s'avançait lentement sur le champ de bataille, écrasant sous ses coups des monceaux d'êtres vivants. N'ayant, au contraire, ni ordre, ni discipline, ni officiers subalternes pour les maintenir, les fanatiques soldats d'El-Mohdy n'étaient guidés que par une aveugle fureur. Ils se précipitaient les uns sur les autres contre les baïonnettes, cherchant un inutile trépas. Au lieu de tomber tous ensemble et de faire ployer le carré sous leur poids irrésistible, ils se battaient sans accord et par pelotons, en sorte que les 500 hommes bien compacts n'avaient jamais à repousser que des efforts isolés.

Les Français avaient ainsi traversé l'armée ennemie, et touchaient à la plaine. Or c'était le temps de la moisson. L'ange El-Mohdy, ayant considéré le vent, eut la satanique idée de brûler les blés sur pied, afin de détruire par le feu ces infidèles que le fer n'avait pu abattre. En un instant la plaine entière fut en proie à l'embrasement. Les Français allaient périr, quand un champ d'oignons leur servit de rempart contre ce fléau. Ils avaient perdu 50 et quelques hommes; 2.000 ennemis gisaient, tués ou blessés, sur le champ de bataille.

On fut tranquille pendant dix jours. Ce laps de temps permit aux Français de concentrer quelques troupes. Fugières et Lanusse arrivèrent sur les lieux à la tête de leurs forces respectives, et, le 10 mai, ils pénétrèrent dans la ville de Damanhour. Le premier spectacle qui se présenta aux regards des soldats fut la mosquée incendiée. Ils y découvrirent les cadavres calcinés de leurs frères d'armes, encore dans la position où la mort les avait saisis. La puanteur et la décomposition les empêchèrent de les reconnaître ; mais cet odieux spectacle fit naître au fond de leur cœur la soif de la vengeance. N'écoutant ni les exhortations, ni les menaces de leurs chefs, ils se précipitent dans la ville et font un horrible carnage de tout ce qu'ils rencontrent ; et, pour compléter leur œuvre, ils mettent le feu aux maisons. Presque toute la ville fut détruite. L'horrible odeur de la chair et du feu la rendit longtemps inhabitable.

Les Français s'attachèrent ensuite à l'auteur de tous ces désordres ; il fut atteint sur les confins de la province, et percé d'une balle. Sa mort, néanmoins, ne termina pas la rébellion : ces têtes exaltées n'en prirent que plus de confiance. Les révoltés demeurèrent persuadés que l'ange était remonté aux cieux, et que, de là, il n'en dirigerait que mieux leurs coups. La plus grande partie d'entre eux se rabattit sur le Nil, et poussa ses incursions jusqu'aux portes de Damiette. Mourad, Hassan et plusieurs anciens beys se disposaient à prendre part à la lutte ; ils étaient déjà descendus, en suivant les frontières du Fayoum, auprès de Gizeh, lorsque la déroute de leurs amis les força de rétrograder. Ils enfilèrent le Bar-el-Belama, pour attendre, au golfe des Arabes, l'arrivée d'une armée turque qu'on leur avait annoncée. Ces choses venaient de se passer quand Bonaparte, de retour de la campagne de Syrie que nous allons résumer, arriva au Caire. Il y fit son entrée solennelle, le 14 juin 1799.

Paulin Guérin. Suchet

CAMPAGNE DE SYRIE

Aussitôt après la promulgation du firman du Grand Seigneur, le pacha Achmed-Djezzar, ou *boucher*, avait pris les armes. Il s'était emparé du fort d'El-Arisch, situé en Égypte, sur les frontières de la Syrie, et Bonaparte s'était décidé à une nouvelle campagne. Il partit à la tête de 12.995 hommes seulement, et s'achemina à travers le désert pour châtier son nouvel ennemi.

Les sables mouvants ne permettant pas de traîner avec soi de la grosse artillerie, on ne prit que des pièces de campagne de 12 et de 8 et quelques obusiers. Il fut décidé que l'artillerie de siège serait embarquée et dirigée sur Jaffa. Le village d'El-Arisch fut pris au début. Ce premier succès augmenta l'espoir de l'armée expéditionnaire; le désert même, qui avait tant découragé les troupes à leur arrivée en Égypte, perdait une partie de son horreur, et ces rudes soldats y apparaissaient désormais aussi à l'aise que dans les pays fertiles.

Le jour même de la prise d'El-Arisch, des éclaireurs signalaient au général Reynier des troupes ennemies dans le désert : on avait vu flotter leur cavalerie aux limites de l'horizon. Dans ce pays complètement inhabité, on ne pouvait donner d'autre but à cette réunion de cavaliers que de surprendre l'armée française. Le lendemain, en effet, les premiers coureurs se présentèrent sur l'arrière de l'armée, et le corps entier, composé en grande partie de Mameluks, vint camper, sur le soir, dans un ravin situé au-delà du vallon d'El-Arisch. Le général Reynier ne jugea pas prudent de continuer l'attaque du château, qui tenait encore, en ayant sur les bras tant d'ennemis familiarisés aux courses du désert : il attendit l'arrivée de Kléber et, la nuit suivante, il se dirigea sur le campement des Syriens. Deux compagnies de grenadiers attaquèrent le camp de face, tandis que le reste de l'armée marchait pour prendre à revers. Les Mameluks n'avaient pas débridé leurs chevaux. A la vue du danger, ils cherchent à s'enfuir dans la direction de Gaza, et se ruent à l'improviste sur la division Reynier, qui leur barrait le passage. Reçus vigoureusement, ils se replient au galop et s'enfilent dans le ravin; leurs chevaux s'abattent les uns sur les autres; le passage est obstrué par leur masse; tous ces cavaliers désarçonnés poussent des cris effroyables. Les Français arrivent, croisent la baïonnette, et le massacre s'accomplit dans les ténèbres. Les vainqueurs passèrent la journée suivante à ramasser une quantité considérable de chameaux, de chevaux, de vivres et de munitions.

L'armée française concentra alors tous ses efforts autour du château, que défendaient avec désespoir les Maugrabins et les Arnautes qui s'y étaient renfermés. L'arrivée de Bonaparte donna un nouvel élan aux troupes assiégeantes. Après avoir battu quelque temps les murailles, le général en chef fit sommer la garnison de se rendre. Mais ces hommes à demi sauvages repoussèrent toute idée de se séparer de leurs armes et de leurs chevaux. Leur nature farouche, que le métier n'avait pu ni discipliner ni adoucir, n'entendait rien aux usages des nations civilisées. Leur chef, Ibrahim-Aga, fut contraint de les consulter individuellement, avant de rien décider. Il fut résolu que le fort serait remis aux Français, si le général leur laissait armes, chevaux, bagages, sans conditions. Bonaparte, qui craignait de les voir se joindre immédiatement à ses ennemis, ne pouvait s'y résigner. Il fut enfin convenu que les assiégés se retireraient à Bagdad, et qu'ils jureraient par le Prophète de ne pas servir pendant un an contre les Français. Par un goût singulier de la guerre, une partie des Maugrabins préféra prendre du service dans l'armée française, et marcha immédiatement contre ceux qui les avaient jusque-là soldés.

Bataille du Mont Thabor
(16 avril 1799).

Cogniet et Philippoteaux.

CAMPAGNE DE SYRIE

L'armée demeura quatre jours encore autour de la place, autant pour se remettre de ses fatigues que pour attendre les détachements demeurés en arrière. Kléber remplaça Reynier à l'avant-garde et se dirigea, le 12 février 1799, sur Kan-Younes, premier village de la Palestine sur la route de Gaza. Selon tous les calculs, on devait atteindre ce village avant l'arrivée de la nuit; mais, à mesure que l'on avançait, des espaces sans bornes s'étendaient devant l'armée, et la terre perdait toute trace de végétation : on était en plein désert. Bientôt les ténèbres descendaient tout autour de cette malheureuse avant-garde : elle fut obligée de camper où elle se trouvait. Le lendemain, elle recommença son inutile pérégrination : durant quarante-huit heures, elle erra à travers ces solitudes incommensurables, consumée par la soif et n'ayant pas une goutte d'eau pour se rafraichir. Et cependant elle ne murmurait pas! Kléber s'aperçut enfin qu'il était trompé par un guide perfide : il vengea son armée en le faisant fusiller; son cadavre fut abandonné aux bêtes du désert.

Perdus dans ces lieux inhabités et ne sachant où diriger leurs pas, les Français furent assez heureux pour capturer quelques Arabes, qui les conduisirent sur le village. Bonaparte y était campé. Les soldats se félicitèrent mutuellement de se voir réunis. La nature semblait prendre part à leur joie, en versant de larges ondées de pluie bienfaisante. Il y avait si longtemps que l'armée n'avait pas vu d'eau; les fatigues d'une traversée de soixante lieues dans le désert avaient été si fortes que les soldats goûtaient un plaisir inexprimable à se laisser mouiller; tous à l'envi se dépouillaient de leurs vêtements et recevaient avec délices sur leurs épaules la pluie du ciel.

La ville de Gaza se rendit librement. Jaffa eut la prétention de se défendre. Sa garnison, composée d'un ramas de mercenaires maugrabins, albanais, kurdes, alepins, damasquins, natoliens, caramiens et nègres, connaissait aussi peu le danger que la discipline; mais le fanatisme religieux reliait ces aventuriers les uns aux autres et, à défaut du sentiment patriotique, le culte de Mahomet était capable de leur faire accomplir des exploits insensés. Les fortifications de la ville étaient dans un état d'abandon complet; une muraille sans fossé était l'unique rempart qui séparât les deux armées : elle fut bientôt renversée, et la brèche ouverte. Avant de tenter l'assaut, Bonaparte fit proposer une capitulation honorable. Le commandant Abou-Saab répondit en faisant trancher la tête au Turc qui la portait. Quelques soldats ayant, sur ces entrefaites, découvert une espèce de brèche sur le bord de la mer, se hasardèrent dans la ville et furent massacrés. Il n'y eut plus possibilité de retenir les troupes : elles courent à l'assaut, escaladent la muraille sur plusieurs points, et refoulent l'ennemi dans le centre de la ville. Les soldats de Lannes, compagnons de ceux qui avaient été égorgés, se firent particulièrement remarquer au milieu du carnage. La voix de l'humanité fut entièrement étouffée ; on n'eut aucune compassion ; l'on versa le sang jusqu'à satiété.

Tout à coup un mal étrange, insaisissable, s'abattit sur l'armée française, frappant çà et là, sans ordre, les chefs et les soldats. Un frisson qui parcourait tout le corps, des vomissements bilieux, une soif dévorante, une haleine fétide, un grand embarras de parole, une chaleur âcre et brûlante à la peau étaient les premiers symptômes, puis arrivaient des vertiges, une stupeur plus ou moins profonde, un air hagard décelant la terreur, des yeux étincelants, rougeâtres et fixes, des hallucinations, enfin des taches pourprées ou violettes, et le corps se décomposait à vue d'œil, en exhalant une odeur insupportable : c'était la peste. A ce mot, l'armée fut saisie d'un effroi universel. Les soldats s'écartaient l'un de l'autre, se regardaient avec défiance et n'osaient plus se rendre les petits services accoutumés. Certains chefs, — peu nombreux, il est vrai, — partageaient la frayeur de l'armée. L'adjudant général Grezieu s'enferma seul dans une maison, refusant d'en sortir et ne communiquant avec l'extérieur que par un guichet. Il mourut néanmoins, et sa mort fut profitable

BARRILE-VALBONNE.

MONCEY

à l'armée en la guérissant de la peur. Les troupes pensèrent que, du moment où les précautions étaient inutiles, elles devaient s'abandonner à leur destinée. Ce sentiment fataliste, joint à l'effet produit par le mépris que Bonaparte affectait de la contagion, rassura peu à peu les imaginations frappées. Bonaparte, en effet, visita l'hôpital, entra dans toutes les salles, accompagné des généraux Berthier et Bessières, de l'ordonnateur en chef Daure et du médecin en chef Desgenettes. Le général parla aux malades, les encouragea, toucha leurs plaies en leur disant : « Vous voyez bien que cela n'est rien ! » Lorsqu'il sortit, on lui reprocha vivement son imprudence ; il répondit froidement : « C'est mon devoir, je suis le général en chef ! » Cette visite et la générosité de Desgenettes qui, s'inoculant la contagion en présence de nos soldats, se guérissait par les remèdes qu'il leur prescrivait, rassurèrent le moral de l'armée singulièrement ébranlé par l'invasion d'une aussi horrible calamité, et, dès ce moment, tous les hôpitaux furent soumis au même régime sans distinction.

Les Français furent informés, le 14 mars, qu'une armée considérable se groupait aux environs de Naplouse, dans une vaste forêt de chênes. Cette nouvelle contraignit Bonaparte de faire un mouvement à droite, de quitter momentanément le rivage, pour n'être pas inquiété sur son flanc droit, pendant sa marche sur Saint-Jean-d'Acre. L'ennemi se retira à l'approche de l'armée française ; mais les troupes, oubliant l'ordre qui leur avait été donné de ne point le poursuivre, s'élancèrent dans les défilés de montagnes, où elles furent reçues par une vive fusillade et forcées de rétrograder. Cet échec rendit l'ennemi plus entreprenant, et engagea les Naplousains à la résistance. Les Français ne s'y arrêtèrent pas davantage et reprirent immédiatement le chemin d'Acre.

Cette ville n'aurait pu tenir longtemps, si la fortune n'avait envoyé à son secours deux hommes échappés de la prison du Temple, le commodore Sidney-Smith, commandant la division navale anglaise, et le Français Phelippeaux, ancien officier d'artillerie, déjà célèbre par l'insurrection qu'il avait excitée dans le Centre de la France. Ces deux hommes déployèrent tous les talents que peuvent suggérer la rancune et l'habitude de la guerre à faire échouer tous les efforts de nos troupes. Derrière les vieilles fortifications, ils en élevèrent de nouvelles, en sorte qu'une brèche, jugée praticable au dehors, ne donnait, en réalité, aucun avantage. Les pièces d'artillerie, placées sur les remparts, servies par des artilleurs anglais, tiraient avec justesse, étaient alimentées par l'escadre anglaise; et, pour achever de rendre cette ville imprenable, deux gros vaisseaux de guerre de cette nation, postés des deux côtés du port, unissaient leur feu à celui de la place.

Les Français n'avaient, pour attaquer, qu'une modeste artillerie de campagne ; l'artillerie de siège devait leur arriver par mer. Mais, au moment où les bâtiments de la flottille doublaient la pointe du Carmel, ils furent aperçus par les Anglais et capturés. Ils servirent encore à augmenter la défense de Saint-Jean-d'Acre. Cette perte était irréparable : il fallait suppléer par l'audace à l'insuffisance du matériel. Malgré cette infériorité évidente, les Français serrèrent la ville de si près que les assiégés eurent recours à une sortie pour détruire les ouvrages. Ils furent repoussés aussitôt et les travaux repris avec une nouvelle ardeur. On parvint à pousser un rameau de mine jusque sous les remparts ; mais l'explosion ne fit qu'un entonnoir sous le glacis ; la contrescarpe demeura entière. Dans la persuasion que la brèche était libre, les soldats demandèrent l'assaut ; on le leur accorda, et les grenadiers seraient entrés dans la ville s'ils eussent été appuyés.

Les troupes d'Achmed s'étaient retirées à leur approche et avaient laissé une tour et une partie considérable de fortifications sans défense. La déroute avait commencé dans leurs rangs ; elles fuyaient dans la direction du port, quand le pacha les ramena sur la brèche en leur criant de ne rien craindre, que les Français avaient fui. En effet, ceux qui devaient soutenir les grenadiers, exposés sur le glacis à tout le feu des remparts, avaient rebroussé chemin, abandonnant à eux-mêmes ceux qui montaient déjà à l'assaut. Ce fut une tentative désastreuse.

Les Français commencèrent bientôt à manquer de munitions. Leur feu ne répondait plus qu'à de longs intervalles à l'artillerie ennemie, et les boulets étaient devenus si rares que l'on fut obligé de promettre une récompense aux soldats qui en rapporteraient au camp. Ces braves se dispersaient dans la plaine et fouillaient dans le sable pour découvrir les projectiles, ou bien ils s'attroupaient, attiraient sur eux le feu de l'ennemi, et couraient avec joie ramasser les boulets qu'on leur lançait.

L'avenir n'était pas exempt d'inquiétude : les généraux s'en préoccupaient. On avait appris par les Druses, qui s'étaient dès l'abord attachés aux Français, que le pacha de Damas rassemblait des forces et qu'une armée considérable était dirigée sur le Jourdain. Bonaparte se vit obligé, en conséquence, d'envoyer de divers côtés des détachements chargés de garder, aux alentours, les postes importants. Le général Vial fut dirigé sur l'ancienne Tyr (Sour) au nord; Murat, au nord-est, par Zafet, et Junot, au sud, dans la direction de Nazareth. Vial arriva sans peine à destination; Murat s'empara du fort de Zafet, après avoir échangé quelques coups de canon avec les Maugrabins qui y tenaient garnison; Junot rencontra deux corps ennemis, de 2 ou 3.000 hommes chacun. Il n'avait avec lui qu'un effectif de 400 hommes, grenadiers, carabiniers et dragons; il attendit l'ennemi à demi-portée de mousquet, lui tua 500 hommes et le mit en déroute. Il y eut des combats corps à corps dignes des anciens croisés, et le général courut personnellement de grands dangers. Attaqué subitement par deux cavaliers ennemis, il renverse le premier d'un coup de pistolet, assène un coup de sabre sur la tête du second et revient se mêler au rang de ses soldats. Le colonel

Duvivier, qui commandait le 14ᵉ régiment de dragons, animait ses hommes en leur disant : « Mes amis, droit aux yeux ! » et donnait lui-même l'exemple en pointant son sabre long sur la figure des cavaliers ennemis qui venaient au pas planter leurs drapeaux dans nos rangs.

Quant à Murat, il était toujours beau de bravoure et d'insouciance. Quoique aux avant-postes, il se couchait dans des draps. On lui disait un jour : « Si l'ennemi venait vous surprendre, comment feriez-vous, mon général ? » — « Hé bien ! répondit-il, je monterais à cheval en chemise, on me distinguerait mieux dans l'obscurité ! »

Cependant tout cet héroïsme, toute cette bravoure, auraient été inutiles sans de nouveaux secours. L'armée de Damas grossissait rapidement ; la plaine du Jourdain paraissait couverte de cavalerie. Bonaparte y envoya Kléber ; et, trois jours après le combat de Nazareth, les Français furent attaqués entre Loubi et Cana par 6.000 ennemis. Kléber porta son principal effort sur Seid-Jarra, où s'était arrêtée leur infanterie. Il pensait raisonnablement que la cavalerie serait indéfectible tant qu'elle aurait un point de repère assuré, et que l'infanterie des pachas, nulle en rase campagne comme tous les Orientaux, se battrait énergiquement derrière des murailles. Aussi l'engagement fut-il extrêmement vif. Junot eut deux chevaux et un dromadaire tués sous lui, et trois balles logées dans ses habits.

C'était en vain pourtant que la petite armée expéditionnaire déployait tant d'énergie : l'ennemi pullulait dans la plaine, sur les hauteurs et jusque dans les ravins. L'œil étonné n'apercevait, aux alentours et dans le lointain, que des files de fantassins marchant lourdement et des escadrons de cavalerie qui, passant au galop, semblaient fouiller les gorges des collines. Le général en chef en fut aussitôt averti : jugeant bien qu'il avait affaire sur ce point à toute l'armée des pachas, il prit avec lui la division Bon tout entière, et courut au secours de Kléber. Il arriva le 16 avril, au lever du jour, aux gorges de Fouli. Il tourna les montagnes en ayant soin de dissimuler sa marche, et parut, à dix heures, sur l'immense plateau connu sous le nom de plaine d'Esdrelon, en face du mont Thabor.

Tableau du temps.

Monge

Le coup d'œil était splendide. Jamais plus bel endroit ne fut signalé par de plus beaux exploits. On apercevait, à trois lieues environ, la division Kléber aux prises avec des masses énormes, et sur la droite, au pied des montagnes de Naplouse, le camp des Mameluks damasquins.

Bonaparte divisa ses troupes en deux grands carrés et les fit marcher en triangle avec la division Kléber, de manière à cerner l'ennemi. Un coup de canon annonça son approche. En reconnaissant des Français, les héroïques soldats de Kléber ne peuvent retenir leur allégresse : « C'est Bonaparte ! » s'écrient-ils. Transportés d'ardeur, pleins de confiance, ils prennent l'offensive, escaladent le rempart de cadavres derrière lequel ils étaient comme retranchés, se jetant sur l'ennemi, et le repoussant sur les deux autres carrés, qui avançaient au pas de charge. Il était une heure après midi. L'ennemi, attaqué en tête, en flanc et en dos, tourbillonne au milieu d'une fusillade épouvantable, recevant la mort de tous côtés. Les fantassins sont chassés du village de Fouli et massacrés en grande partie. La cavalerie cherche en vain une issue : coupée de son camp, de ses magasins, coupée des montagnes de Naplouse et de Djénine, elle se lance à toute bride derrière le mont Thabor, débouche dans la plaine, se précipite vers le Jourdain, y rencontre Murat, se rejette sur le pont d'El-Medjameh, dans les ténèbres, le passe au galop ou tombe dans le fleuve. Cette journée glorieuse coûta à l'ennemi plus de 6.000 hommes, et aux Français à peine 200. Les vainqueurs eurent pour prix de leur fatigue et de leur sang des magasins immenses, de riches bagages, des munitions et 500 chameaux. Il y eut fête autour de Saint-Jean-d'Acre ; et, comme pour enlever toute barrière à l'allégresse du soldat, on apprit en même temps que le contre-amiral Perrée venait de débarquer à Jaffa de l'artillerie de siège et des munitions.

Le siège fut repris avec ardeur. Le bombardement et les travaux de sape marchaient parallèlement. On croyait toucher au but tant désiré : on fit jouer une mine sous les remparts ; mais un souterrain, dont on n'avait point connaissance, creva sous l'effort et absorba tout l'effet de l'explosion. Les musulmans, de leur côté, avaient acquis

Siméon Font.

PASSAGE DE LA LIMMAT
(25 septembre 1799).

une certaine expérience, et les chefs européens qui les dirigeaient les avaient singulièrement aguerris. Ils ne se contentaient plus de harceler l'ennemi du haut des remparts, ni de risquer de timides sorties; ils venaient l'attaquer dans les tranchées et combler ses ouvrages. C'était une lutte continuelle, un combat persistant nuit et jour, sur les fortifications et dans les murs.

Tout cela nous coûtait des hommes. Le 27 avril, le général Caffarelli mourut. En visitant la tranchée, il s'était approché du puits que l'on creusait pour faire une nouvelle mine ; ayant appuyé son bras droit sur le revers du boyau, il ne voulut point le retirer promptement, ainsi que l'engageaient à le faire les soldats de garde qui l'avertissaient que l'ennemi tirait avec beaucoup d'adresse sur le plus petit point qu'on lui offrait. Le général Caffarelli ne lui montrait que le coude... il y reçut une balle qui le fracassa; il tomba, cédant à sa douleur : on le rapporta au camp sur un brancard. Il avait tout son sang-froid. Le chirurgien en chef Larrey jugea l'amputation nécessaire et la lui fit. Caffarelli la soutint avec fermeté ; mais il fallait tout son courage pour se voir tranquillement privé d'un second membre. Il mourut des suites de son opération, et fut enterré dans les tentes du quartier général.

Il ne fut pas le seul. Les aides de camp de Bonaparte l'éprouvèrent.

Des huit aides de camp amenés par Bonaparte en Égypte, quatre y périrent : Julien, Sulkowski, Croisier et Guibert; deux y furent blessés : Duroc et Eugène de Beauharnais; seuls Merlin et Lavalette en sortirent sains et saufs. Dès qu'il s'agissait d'une mission périlleuse, pour aller dans le désert reconnaître des partis d'Arabes ou de Mameluks, Eugène était toujours le premier à s'offrir. Un jour qu'il s'avançait avec empressement, comme de coutume, Bonaparte le renvoya en lui disant : « Jeune homme, apprenez que, dans notre métier, il ne faut jamais courir au-devant du danger : il faut se borner à faire son devoir, le bien faire, et arrive ce qu'il plaît à Dieu ! »

Une autre fois, le général en chef, précisément pendant le siège de Saint-Jean-d'Acre, envoya un officier d'ordonnance porter un ordre au poste le plus dangereux. L'officier fut tué. Bonaparte en envoya un second qui fut également tué. Un troisième partit, qui eut le même sort. Il fallait cependant que l'ordre parvînt, et Bonaparte n'avait plus auprès de lui que deux aides de camp, Eugène de Beauharnais et Lavalette. D'un signe il fit avancer ce dernier, et tout bas, sans être entendu d'Eugène, il lui dit : « Lavalette, allez porter cet ordre, je ne veux pas envoyer cet enfant et le faire tuer si jeune ; sa mère me l'a confié. Vous savez ce que c'est que la vie... Allez ! »

Un autre jour, également devant Saint-Jean-d'Acre, un éclat de bombardement vint également frapper à la tête Eugène de Beauharnais ; le jeune homme tomba et resta quelque temps enseveli sous les décombres d'un mur que la bombe avait renversé. Bonaparte le crut mort et laissa échapper un cri de douleur. Eugène n'était que blessé et, au bout de dix-neuf jours, il demanda à reprendre son service, afin de participer aux autres assauts qui échouèrent, comme les premiers, malgré l'opiniâtreté de Bonaparte. « Cette misérable bicoque, disait-il à Bourrienne, m'a coûté bien du temps et du monde ; mais les choses sont trop avancées, je dois tenter un dernier assaut. S'il réussit, les trésors, les armes de Djezzar, dont la Syrie maudit la férocité, me fourniront de quoi armer 300.000 hommes. Damas m'appelle ; les Druses m'attendent ; j'en grossirai mon armée ; j'annoncerai l'abolition de la tyrannie des pachas, et j'arrive à Constantinople à la tête de ces masses. J'y renverse l'empire turc ; j'y fonde un nouvel et grand empire ; j'y marque une place dans la postérité, et peut-être alors retournerai-je à Paris par Vienne, en anéantissant la maison d'Autriche. » Tout cela n'était qu'un rêve. En vain l'opiniâtreté de Bonaparte s'exalte jusqu'à la fureur. En vain, sur une redoute, les bras croisés, le regard fixe, en butte à tous les feux de la place, il ordonna un suprême effort...

Dans la journée du 7 mai, un assaut fut donné. Tous les ouvrages

Passage de la Linth a Bitten
(25 septembre 1799).

avancés furent franchis, les boyaux du glacis occupés, et les Français, courant le long du rempart, pénétrèrent dans une grosse tour, dont ils enclouèrent les canons. Généraux, officiers, soldats, mêlés ensemble, combattaient à l'envi, sentant bien que c'était un dernier effort. Le général Boyer périt avec 17 officiers.

Le combat recommença le lendemain avec un acharnement, une furie inconcevables. Pendant que les soldats logés dans la tour balayent les remparts, Lannes et Rambeau escaladent les murailles ; mais ils sont arrêtés par une seconde enceinte qu'ils n'avaient pas devinée. Au moment où ils se disposaient à la franchir, l'ennemi, filant dans le fossé, prend la brèche à revers. Un feu intense parti des rues, des barricades, des maisons, arrête les plus intrépides. Des cris proférés on ne sait par qui se font entendre dans les rangs ; le « sauve qui peut! » retentit ; l'on se croit perdu, et ces soldats si audacieux, effrayés tout à coup, reculent dans une affreuse confusion. Vainement Bonaparte envoie des guides à pied pour rétablir le combat : ils sont enveloppés par les fuyards ; le général Lannes est blessé à la tête en essayant de rallier un régiment. Seuls, 200 grenadiers n'avaient pas reculé ; ils étaient entrés dans la ville après avoir escaladé la seconde enceinte : Saint-Jean-d'Acre était pris, s'ils eussent été suivis. Attirant sur leurs pas ceux qui défendaient les remparts, chassant eux-mêmes en avant la foule des ennemis qui s'opposaient à leur passage, ils atteignirent le centre de la ville, et se barricadèrent dans une mosquée, bien résolus à périr tous jusqu'au dernier, s'ils n'étaient secourus, plutôt que de se rendre à leurs bourreaux. Ils ne firent plus tard leur soumission qu'entre les mains du commodore anglais.

Voyant enfin l'inutilité de ses efforts, l'affaiblissement de son armée par le fer et la maladie, Bonaparte se résigna plus qu'il ne se décida à lever le siège.

Le 10 mai, il fit mettre à l'ordre la proclamation suivante :

« Soldats, vous avez traversé le désert qui sépare l'Afrique de l'Asie avec plus de rapidité qu'une armée arabe.

« L'armée qui était en marche pour envahir l'Égypte est détruite ; vous avez pris son général, son équipage de campagne, ses outres, ses chameaux.

« Vous vous êtes emparés de toutes les places fortes qui défendent les puits du désert.

« Vous avez dispersé aux champs du mont Thabor cette nuée d'hommes accourus de toutes les parties de l'Asie dans l'espoir de piller l'Égypte...

« Encore quelques jours, et vous aviez l'espoir de prendre le pacha même au milieu de son palais ; mais, dans cette saison, la prise du château d'Acre ne vaut pas la perte de quelques jours ; les braves que j'y aurais d'ailleurs perdus sont nécessaires pour des opérations plus essentielles.

« Soldats, nous avons une carrière de danger et de fatigues à courir. Après avoir mis l'Orient hors d'état de rien faire contre nous, cette campagne, il nous faudra peut-être repousser les efforts d'une partie de l'Occident.

« Vous y trouverez une nouvelle occasion de gloire, et si, au milieu de tant de combats, chaque jour est marqué par la mort d'un brave, il faut que de nouveaux braves se forment, et prennent rang à leur tour parmi ce petit nombre qui donne l'élan dans les dangers, et maîtrise la victoire. »

La retraite s'opéra tristement. L'armée, surchargée de blessés et de malades, fut obligée de noyer ses canons, ne pouvant les traîner à sa suite. Tous les chevaux des officiers furent mis à la disposition des ambulances ; le général en chef donna lui-même l'exemple en marchant à pied.

Malgré de grandes privations et une chaleur qui s'éleva à 30 degrés Réaumur, l'armée ne mit que vingt-cinq jours, dont dix-sept de marche, à franchir les cent-dix-neuf lieues qui séparent Saint-Jean-d'Acre du Caire. Bonaparte rentra dans cette ville comme un triomphateur antique.

Combat du pont de Nœffels
(25 septembre 1799).

AUTOUR DE ZURICH

La paix, dont les préliminaires avaient été signés à Léoben, et qui, plus tard, avait été conclue à Campo-Formio entre la France et l'Autriche, laissait bien des points litigieux à régler avec l'empire germanique. Un Congrès s'ouvrit à Rastadt; mais, loin d'atteindre le but pacifique qu'on se proposait, ces conférences célèbres ne servirent qu'à rallumer la guerre avec plus de fureur. Toute l'Europe était encore en armes, et la Russie, nouvelle alliée de l'Angleterre et de l'Autriche, prit part à la coalition.

Souwarow descendit en Italie avec Mélas et Kray, qui commandaient sous lui les Autrichiens, et, par une suite de victoires presque aussi rapides que l'avaient été celles de Bonaparte, il enleva l'Italie aux Français. Le Conseil aulique, qui dirigeait toutes les opérations de la guerre, arrache alors le général russe au théâtre de ses exploits, et lui ordonne de se rendre en Suisse pour y lier ses opérations avec celles de l'archiduc Charles.

La République française trembla alors non plus pour ses conquêtes, mais pour son existence même. Hoche n'était plus, Joubert venait d'être tué à Novi, Championnet de mourir à Nice, et Bonaparte était en Égypte. Ce fut le plus habile des lieutenants du vainqueur d'Italie qui fut chargé de tenir tête à la redoutable invasion qui menaçait les frontières de la France : Masséna avait reçu le commandement de l'armée française en Suisse.

Informé de l'arrivée prochaine de Souwarow, Masséna résolut de livrer bataille avant qu'il eût passé les Alpes pour se joindre à l'armée coalisée.

Il avait passé près d'un mois à se fortifier dans ses positions, et ses ailes seules avaient eu quelques engagements peu importants, si l'on excepte le mouvement général du général Lecourbe sur le Saint-Gothard. Avant d'en venir à un engagement général, Masséna avait voulu attendre l'arrivée de tous les renforts, lorsque, après la perte de la bataille de Novi, il apprit que le maréchal Souwarow se disposait à passer en Suisse pour y diriger les opérations des alliés, le général français sentit que le moment était venu d'attaquer les généraux Korsakow et Hotze, avant que le corps russe venant d'Italie pût opérer sa jonction avec ceux-ci. Pour mettre ce projet à exécution, il fallait passer la Limmat, et cette opération offrait de grandes difficultés; elles n'arrêtèrent point Masséna. Il ordonna au général Lecourbe de faire occuper le canton de Glaris, qui devait fortifier la tête de la position du général Soult.

Ce fut le général Molitor qui fut chargé de cette expédition. Il ne pouvait disposer que de 12 à 1.500 hommes. Avec cette colonne, il attaqua brusquement les troupes ennemies qui gardaient les sommités du mont Bragel. Après avoir emporté cette position à la baïonnette, Molitor poussa ses adversaires jusqu'au débouché du Kloenthal. De là, il se porta sur Glaris avec quatre compagnies; mais, en retournant pour diriger l'attaque de Netstall, il trouva le chemin intercepté et tomba au milieu d'un corps de 1.500 Suisses, organisés et soldés par l'Angleterre. S'étant fait jour l'épée à la main et en courant les plus grands dangers, il regagna le Kloenthal, où le bataillon de la 84ᵉ demi-brigade se trouvait déjà engagé. Les Suisses avaient suivi Molitor et, traversant le torrent de Lontsch, ils attaquèrent les Français en queue et jetèrent le désordre dans les rangs de ces derniers. Molitor, secondé par son aide de camp Fridolsheim, se mit à la tête des grenadiers, qui avaient gardé leurs rangs, chargea les assaillants à la baïonnette, et culbuta dans le torrent tout ce qui ne fut pas tué ou fait prisonnier.

Sur ces entrefaites, les quatre compagnies placées en avant de

Bataille de Zurich
(25 septembre 1799).

Bocquet.

Glaris avaient été également enveloppées par une partie des Suisses et le bataillon autrichien de Kaiser arrivé de Lintthal. Après un combat sanglant, ces compagnies se firent jour à la baïonnette, et vinrent rejoindre leur général au débouché du Kloenthal. Molitor fut obligé de se défendre toute la nuit, avec ses 1.200 hommes, contre cinq bataillons autrichiens et 1.000 à 1.200 Suisses.

Un combat aussi prolongé avait épuisé presque toutes les munitions de la colonne française. Molitor occupait une hauteur dont le front formait un amphithéâtre très resserré; il fit rassembler sur ce front une grande quantité d'énormes pierres, pour s'en servir contre l'ennemi, lorsque les cartouches viendraient à lui manquer tout à fait. Le lendemain, dès que le jour parut, les Autrichiens tentèrent d'enlever d'assaut la position des Français; mais, forts de leur supériorité numérique, ils négligèrent de prendre les précautions qui pouvaient assurer le succès de leur attaque; toutefois, malgré la plus vigoureuse résistance de la part des assaillis, les assaillants commençaient à faire quelques progrès, lorsque Molitor ordonna à ses soldats de faire rouler les quartiers de rocs qu'ils avaient amoncelés la veille. Cette défensive meurtrière, à laquelle l'ennemi était loin de s'attendre, épouvanta tellement les Autrichiens et les Suisses qu'ils rétrogradèrent aussitôt dans le plus grand désordre. Molitor saisit cet instant pour faire battre la charge : les soldats, à la tête desquels il se place lui-même, se précipitent alors des rochers et tombent à la baïonnette sur leurs adversaires, les culbutent et restent maîtres de la position retranchée de Netstall. Cet éclatant fait d'armes valut aux Français la possession de la vallée de Glaris. Masséna eut lieu de se réjouir du mouvement exécuté par Molitor, et qui facilitait singulièrement ses opérations ultérieures en ce qu'il éloignait le général Hotze de Souwarow. Des ordres furent donnés par le général français pour accélérer avec la dernière activité les préparatifs du passage de la Limmat. Deux attaques devaient avoir lieu en même temps : l'une contre le général Korsakow, à Zurich, et l'autre contre le général Hotze, à Kaltbrun. Le général Soult fut chargé de passer la Linth au moment où les divisions Ménard, Lorges et Mortier et la réserve du général Klein passeraient la Limmat pour attaquer Korsakow.

Afin d'entretenir la sécurité de l'ennemi et d'attirer son attention sur d'autres points, Masséna fit faire sur sa gauche, dans le Prich-Thal et sur l'Aar, différentes démonstrations. Il avait fixé son attaque générale au 26 septembre; mais, étant informé du dernier mouvement fait par le maréchal Souwarow sur le Saint-Gothard, il arrêta que les passages de la Linth et de la Limmat auraient lieu vingt-quatre heures plus tôt.

La division Soult se trouvait séparée du gros de l'armée française de toute la longueur du lac de Zurich.

Le passage de la Linth, non moins indispensable au succès de l'attaque générale que celui de la Limmat, dont elle n'est que la prolongation sous un autre nom, présentait de grandes difficultés, à cause du peu de moyens que l'on avait pour cette opération et surtout par les marécages, qui ne permettent pas aux voitures d'approcher de cette rivière. Cependant, grâce à l'activité des officiers du génie et de l'artillerie, le passage s'effectua plus heureusement qu'on ne l'avait espéré.

Par suite des reconnaissances faites à cette occasion, on choisit, pour traverser la Linth, le point de Bilten, comme étant celui où la rivière, quoique rapide, avait moins de largeur. Huit bateaux tirés du lac de Zug devaient y être amenés par celui de Zurich : deux de ces bateaux étaient destinés à transporter l'artillerie. L'embarquement général de la division devait être précédé par le passage à la nage d'une compagnie d'infanterie dite des nageurs, composée d'hommes qui s'étaient exercés, à cet effet, dans le lac de Zurich, armés de piques, de sabres et de pistolets, commandés par l'adjudant major Delort, et dont la destination, en cette circonstance, était de surprendre et d'égorger les premiers postes autrichiens.

Position et combat de Glaris
(5 octobre 1799).

Le 25 septembre, vers quatre heures du matin, les bateaux du lac de Zug, arrivés la veille à Bilten, furent transportés de ce village au bord de la rivière, qui en est éloignée de 1.200 mètres : trajet d'autant plus difficile à faire que, le terrain étant marécageux, il avait fallu construire un chemin sur des madriers, et que le bruit des voitures sur ce plancher attira l'attention de l'ennemi, qui dirigea aussitôt un feu assez vif sur le convoi; mais les bateaux n'en parvinrent pas moins, sans accident grave, à destination.

Tandis que l'on s'occupait de les mettre à flot, la compagnie de nageurs se jeta à l'eau et aborda la rive droite. Quelques soldats du régiment de Bender furent faits prisonniers presque aussitôt, et contraints par les Français de crier en allemand : « En retraite, Bender, sauve qui peut! les Français sont débarqués. » Les intrépides nageurs balayèrent la rive droite, et facilitèrent ainsi le débarquement des troupes. Lorsque les Français eurent six compagnies de grenadiers sur cette même rive, ils attaquèrent le village de Schannis, éloigné d'un quart de lieue du point de débarquement, et ils l'emportèrent après un engagement assez vif; mais les Autrichiens, qui venaient d'évacuer ce poste, ayant reçu quelques renforts, revinrent à la charge et recommencèrent un combat opiniâtre. Schannis fut pris et repris trois fois, et toujours attaqué ou défendu avec un égal acharnement. Cet engagement, où l'ennemi montra d'ailleurs un grand courage et une rare intrépidité, fut très meurtrier : les abords et les rues de Schannis étaient jonchés de morts et de blessés. Le général Hotze, accouru de son quartier général avec trois bataillons de renfort, paya d'exemple pour arracher la victoire aux Français. Son dévouement lui devint fatal : atteint de deux coups de feu, le premier dans la cuisse et le second à travers la poitrine, il fut trouvé mort sur le champ de bataille. Les soldats essayèrent encore de se défendre au quartier général de Kaltbrun, mais inutilement; ils durent céder à la vaillance française ce jour-là comme le lendemain.

Après avoir longtemps hésité sur le choix du point où s'effectuerait le passage de la Limmat, Masséna se décida pour celui de Dietikon.

Le 25 septembre, avant le jour, tous les préparatifs étaient achevés.

L'embarquement commença à quatre heures du matin. Les troupes, disposées sur le rivage, sautèrent gaiement dans les barques qui devaient les transporter sur la rive droite. On commença par remplir les bateaux les plus légers, qui, se trouvant trop surchargés, dans un endroit de la rivière où les eaux étaient basses, s'engravèrent et ne purent avancer d'abord; cet accident, quoique promptement réparé, retarda pendant quelque temps l'opération. Cependant le bruit que l'on fit pour remettre les barques à flot jeta l'alarme dans les postes russes, dont toute la ligne prit les armes sur-le-champ et fit feu sur la rivière. Il était cinq heures du matin. Il n'y avait pas une minute à perdre si l'on voulait réussir; aussi les soldats français témoignaient-ils hautement leur vive impatience par les cris : En avant! En avant! Les barques engravées furent dégagées, les autres se remplirent successivement de troupes, et le passage s'effectua avec tant de rapidité que, trois minutes après le premier coup de fusil tiré par l'ennemi, il ne restait plus une seule barque sur la rive gauche. Le chef de bataillon Maransin, avec une partie des troupes, aborda le premier la rive droite, malgré la rapidité du courant qui entraînait les barques légères sur lesquelles ses hommes étaient montés. Il fut suivi par le reste des troupes de l'avant-garde, avec le général Gazan, qui marcha de suite à l'ennemi sous le feu le plus meurtrier. Il n'y eut pas un seul bateau de submergé, et pas un seul homme ne fut noyé dans cette première traversée. Les batteries du commandant Foy — plus tard le général — avaient répondu au feu de l'ennemi avec tant de vivacité et de bonheur que tout ce qui voulut s'avancer pour repousser les premiers assaillants et empêcher le débarquement fut culbuté.

Les bateaux retournaient déjà sur la rive gauche pour opérer un second transport de troupes, lorsqu'on entendit celles déjà débar-

Siméon Fort.

Combat de Wesen
(26 septembre 1799).

quées battre vigoureusement la charge. Alors, dans la crainte de tirer sur ces derniers, le feu cessa sur la rive gauche, et l'on se borna à accélérer le passage successif des autres troupes.

Le chef de brigade Dedon, voyant le succès du débarquement assuré et les Français assez forts sur l'autre rive pour s'y maintenir, commença la construction du pont destiné au passage de l'artillerie et de la cavalerie. Pendant que l'on s'occupait de ce dernier travail, les troupes françaises débarquées, après s'être formées en colonne dans le bouquet de bois de la rive droite, débouchèrent en bon ordre, et s'avancèrent l'arme au bras pour attaquer l'ennemi, qui s'était rallié sur un plateau boisé dont son camp était couvert; les troupes russes attendirent à peine le choc des Français et se retirèrent presque aussitôt; mais ce mouvement de retraite fut moins l'effet de la terreur que celui d'une manœuvre du général ennemi. En effet, les Français, en continuant de s'avancer, trouvèrent toutes les troupes du camp russe de Weiningen rangées en bataille sur leur front de bandière. Cette contenance de l'ennemi ne déconcerta point les assaillants, qui engagèrent sur-le-champ une fusillade vive et meurtrière, pendant laquelle les troupes qui arrivaient successivement de la rive gauche vinrent rejoindre les premiers. Les Russes, placés dans une position avantageuse et soutenus par le feu de sept pièces de canon, se défendirent longtemps avec un courage opiniâtre contre leurs adversaires qui n'avaient point encore d'artillerie. Mais enfin les renforts qui venaient de joindre les premières colonnes françaises permirent à celles-ci une attaque plus franche. Elles s'avancèrent au pas de charge, et, fonçant sur les Russes à la baïonnette, elles les obligèrent à se retirer avec une perte énorme en hommes tués, blessés ou faits prisonniers. Ce premier succès rendit les Français maîtres du plateau boisé du camp des Russes, que ceux-ci abandonnèrent tout tendu, et les mit à même de prendre une position plus avancée. Le reste de la division Lorges et une partie de la division Ménard passèrent la Limmat en bateau ou sur un pont jeté. C'étaient 15.000 hommes portés au-delà de la rivière. La brigade Bontemps fut placée à Regensdorf pour faire face à Durasow s'il voulait remonter de la basse Limmat. Le gros des troupes, dirigé par le chef d'état-major Oudinot, remonta la Limmat pour se porter sur les derrières de Zurich.

Cette partie de l'opération achevée, dit Thiers, Masséna se reporta de sa personne sur l'autre rive de la Limmat, pour veiller au mouvement de ses ailes. Vers la basse Limmat, Ménard avait si bien trompé Durasow par ses démonstrations que celui-ci s'était porté sur la rive, où il déployait tous ses feux. A sa droite, Mortier s'était avancé sur Zurich par Wollishofen; mais il y avait rencontré la masse de Korsakow, postée, nous l'avons vu, en avant de la Limmat, et avait été obligé de se replier. Masséna, arrivant dans cet instant, ébranla la division Klein, qui était à Altstetten. Humbert, à la tête de ses 4.000 grenadiers, marcha sur Zurich, et rétablit le combat. Mortier renouvela ses attaques, et l'on parvint à renfermer ainsi les Russes dans Zurich.

Pendant ce temps, Korsakow, chagriné d'entendre du canon sur ses derrières, avait reporté quelques bataillons au-delà de la Limmat; mais ces faibles secours avaient été inutiles. Oudinot, avec ses 15.000 hommes, continuait à remonter la rivière. Il avait enlevé le petit camp placé à Hong, ainsi que les hauteurs qui sont sur les derrières de Zurich, et s'était emparé de la grande route de Vinterthur, qui donne issue en Allemagne, et la seule par laquelle les Russes pussent se retirer.

La journée était presque achevée et d'immenses résultats étaient préparés pour le lendemain. Les Russes étaient renfermés dans Zurich; Masséna avait posté, par le passage à Closter-Fahr, 15.000 hommes sur leurs derrières, et placé 18.000 hommes devant eux. Il était difficile qu'il ne leur fît pas essuyer un désastre des plus sanglants.

Le lendemain, 26 septembre, le combat devait être acharné, car les Russes voulaient se faire jour, et les Français voulaient recueillir

Augereau

d'immenses trophées. Le combat commença de bonne heure. La malheureuse ville de Zurich, encombrée d'artillerie, d'équipages, de blessés, attaquée de tous côtés, était comme enveloppée de feux. De ce côté-ci de la Limmat, Mortier et Klein l'avaient abordée, et étaient près d'y pénétrer. Au delà, Oudinot la serrait par derrière et voulait fermer la route à Korsakow. Cette route de Vinterthur, théâtre d'un combat sanglant, avait été prise et reprise plusieurs fois. Korsakow, songeant enfin à se retirer, avait mis son infanterie en tête, sa cavalerie au centre, son artillerie et ses équipages à la queue. Il s'avançait ainsi, formant une longue colonne. Sa brave infanterie, chargeant avec furie, renverse tout devant elle et s'ouvre un passage ; mais, quand elle a passé avec une partie de la cavalerie, les Français reviennent à la charge, attaquent le reste de la cavalerie et les bagages, et les refoulent jusqu'aux portes de Zurich. Au même instant, Klein, Mortier y entrent de leur côté. On se bat dans les rues. L'illustre et malheureux Lavater est frappé, sur la porte de sa maison, d'une balle par un soldat suisse ivre qui lui mit son fusil sur la poitrine pour avoir de l'argent ; il tomba atteint d'une blessure grave à la cuisse dont il mourut quelques mois après. Enfin, tout ce qui était resté dans Zurich est obligé de mettre bas les armes. Cent pièces de canon, tous les bagages, les administrations, le trésor de l'armée et 5.000 prisonniers deviennent la proie des Français. Korsakow avait eu, en outre, 8.000 hommes hors de combat; dans cette lutte acharnée, 8 et 5 faisaient 13.000 hommes perdus, c'est-à-dire la moitié de son armée. Les grandes batailles d'Italie n'avaient pas présenté des résultats plus extraordinaires. Les conséquences pour le reste de la campagne ne devaient pas être moins grandes que les résultats matériels. Korsakow, avec 13.000 hommes au plus, se hâta de regagner le Rhin. Pendant ce temps Soult, chargé de passer la Linth au-dessus du lac de Zurich, exécutait sa mission avec non moins de bonheur que le général en chef. Il avait exécuté le passage entre Bilten et Riehenburg. Cent cinquante braves, portant leur fusil sur leur tête, avaient traversé la rivière à la nage, abordé sur l'autre rive, balayé les tirailleurs et protégé le débarquement de l'avant-garde. Hotze, accouru sur-le-champ au lieu du danger, était tombé mort d'un coup de feu, ce qui avait mis le désordre dans les rangs autrichiens.

De leur côté, les généraux Jellachich et Linken, chargés de venir par la haute Linth, dans le canton de Glaris, recevoir Souwarow au débouché du Saint-Gothard, s'étaient retirés en apprenant tous ces désastres. Ainsi, près de 60.000 hommes étaient repoussés déjà de la ligne de la Limmat au-delà de celle du Rhin, et repoussés après des pertes immenses. Souwarow, qui croyait déboucher en Suisse dans le flanc d'un ennemi attaqué de tous côtés, allait trouver, au contraire, tous ses lieutenants dispersés et s'engager au milieu d'une armée victorieuse de toutes parts.

Parti d'Italie avec 18.000 hommes, il était arrivé au pied du Saint-Gothard le 21 septembre 1799. Il avait été obligé de démonter ses Cosaques pour charger son artillerie sur le dos de leurs chevaux. Il envoya Rosenberg avec 6.000 hommes, pour tourner le Saint-Gothard. Arrivé le 23 septembre à Airola, à l'entrée de la gorge du Saint-Gothard, il y trouva Gudin. Il se battit là avec la dernière opiniâtreté ; mais ses soldats, mauvais tireurs, ne sachant qu'avancer et se faire tuer, tombaient sous les balles et les pierres. Gudin, par sa résistance, avait donné à Lecourbe le temps de recueillir ses troupes. Celui-ci, n'ayant guère sous la main que 6.000 hommes, ne pouvait résister à Souwarow, qui arrivait avec 12.000, et à Rosenberg, qui, transporté déjà à Urseren, en avait 6.000 sur ses derrières. Il jeta son artillerie dans la Reuss, gagna la rive opposée en gravissant des rochers presque inaccessibles, et s'enfonça dans la vallée. Arrivé au-delà d'Urseren, il rompit le pont au Diable, et tua une multitude de Russes avant qu'ils eussent franchi le précipice en descendant dans le lit de la Reuss et en remontant la rive opposée.

L'armée russe arriva ainsi à Altorf, au fond de la vallée de la Reuss, accablée de fatigue, manquant de vivres et singulièrement

Bataille d'Aboukir
(25 juillet 1799).

Gros.

affaiblie par les pertes qu'elle avait faites. C'était le 26 septembre. Il ne lui restait d'autre ressource que de se jeter dans la Schachenthal et de passer à travers des montagnes horribles, où il n'y avait aucune route tracée, pour pénétrer dans la vallée de Muthenthal. Il ne pouvait passer qu'un homme de front dans le sentier qu'on avait à suivre. L'armée mit deux jours à faire ce trajet de quelques lieues. Le premier homme était déjà à Mutten que le dernier n'avait pas encore quitté Altorf. Les précipices étaient couverts d'équipages, de chevaux, de soldats mourant de faim et de fatigue. Arrivé dans la vallée de Muthenthal, Souwarow pouvait déboucher par Schwitz, non loin du lac de Zurich, ou bien remonter la vallée et par le Bragel se jeter sur la Linth. Mais, du côté de Schwitz, Masséna arrivait avec la division Mortier, et de l'autre côté du Bragel était Molitor, qui occupait le défilé de Kloenthal. Après avoir donné deux jours de repos à ses troupes, Souwarow se décida à rétrograder par le Bragel. Le 30 septembre, il se mit en marche ; Masséna l'attaquait en queue, tandis que, de l'autre côté du Bragel, Molitor lui tenait tête au défilé de Kloenthal. Rosenberg résista bravement à toutes les attaques de Masséna, mais Bagration fit de vains efforts pour percer Molitor. Il s'ouvrit la route de Glaris, mais ne put percer celle de Wesen.

Souwarow, après avoir livré des combats sanglants et meurtriers, coupé les routes, rejeté sur Glaris, n'avait d'autre ressource que de remonter la vallée d'Engi pour se jeter dans celle du Rhin. Mais cette route était encore plus affreuse que celle qu'il avait parcourue. Il s'y décida cependant, et, après quatre jours d'efforts et de souffrances inouïes, atteignit Coire et le Rhin. De ses 18.000 hommes il en avait à peine sauvé 10.000. Les cadavres de ses soldats remplissaient les Alpes. En quinze jours, plus de 20.000 Russes et 6.000 Autrichiens avaient succombé. Les armées prêtes à envahir la France étaient chassées de la Suisse et rejetées en Allemagne. La coalition était dissoute. La France était sauvée.

ABOUKIR

Le premier soin de Bonaparte en rentrant au Caire (14 juin 1799) fut de purger le voisinage des bandes d'aventuriers qui l'infestaient. Il poursuivit les derniers débris de l'armée des beys jusque dans le désert, mais il ne put achever de les disperser. Il apprit soudain du général Marmont qu'une nombreuse flotte turque, arrivée en vue d'Alexandrie, se proposait de débarquer. On estimait le chiffre des troupes à 15.000 hommes. Le général en chef se hâta de réunir les troupes dont il pouvait disposer, et descendit avec eux sur Alexandrie. Le débarquement avait eu lieu, la bataille était déjà engagée. Les Turcs avaient attaqué la redoute d'Aboukir, défendue par 265 hommes sous les ordres de l'intrépide Godard. Un si petit nombre ne pouvait tenir contre une armée : quelque bravoure qu'ils déployassent, ils devaient succomber. Le commandant excitait ses hommes à se battre valeureusement, en leur faisant espérer qu'ils allaient être secourus par Marmont. Il fut tué dans cette généreuse besogne. Sa mort entraîna la chute de la redoute, ainsi que celle du fort où commandait le chef de bataillon du génie Vinache, avec 35 hommes.

Au lieu de foncer aussitôt sur Alexandrie, l'ennemi demeura plusieurs jours à Aboukir pour s'organiser : ce retard permit à Bonaparte d'arriver sur le terrain.

Le 25 juillet, avant le lever du soleil, l'armée française était sur pied et se préparait à l'attaque. La cavalerie de Murat et 3 bataillons du général Destaing, avec 2 pièces d'artillerie légère, formaient le centre ; la division Rampon, augmentée des corps de Fugières et de Lanusse, était à gauche, suivant la mer ; la division Lannes tenait la

Débarquement en France du Général Bonaparte a son retour d'Égypte (9 octobre 1799).

droite sur le lac Madieh; la division Kléber, que l'on attendait, devait servir de réserve, et Davout était chargé, avec 2 escadrons et 100 dromadaires, de surveiller les Arabes autour d'Alexandrie; Marmont restait à son poste; Menou était placé à l'extrémité de la barre du Nil, près du passage du lac Madieh, avec mission de tirer sur les embarcations qui tenteraient d'y pénétrer. L'ennemi occupait, indépendamment du fort et du village d'Aboukir, la grande redoute où avait succombé Godard. Elle était reliée à la mer par un boyau qui fermait la presqu'île de ce côté; un second boyau se prolongeait sur le lac, mais sans y atteindre. Elle renfermait 10.000 Turcs environ. En avant, deux mamelons retranchés étaient défendus, le premier, du côté de la mer, par 1.200 hommes; le second, sur le lac, par 2.000. Ils étaient reliés par un hameau situé à 500 mètres en arrière, et protégé par 1.500 hommes et 4 pièces de canon.

Le général Destaing ouvrit le feu en attaquant le mamelon à la droite de l'ennemi, et un corps de cavalerie, lancé à toute bride, passa entre deux feux pour se poster en arrière, de façon à couper toute retraite; Lannes attaqua l'autre mamelon. Tous deux tombèrent en même temps; et les Turcs, environnés par la cavalerie de Murat, furent tués ou noyés; très peu furent assez heureux pour s'échapper et chercher un refuge dans le hameau. Le général Destaing tourna la position sans s'y arrêter; Lannes l'assaillit de front : pris encore entre deux feux, les Turcs furent défaits, tués ou noyés, après une vigoureuse résistance.

Avant de marcher sur la redoute, Bonaparte changea la disposition de son armée, en faisant passer la cavalerie du centre à sa droite. Il la fit avancer parallèlement avec l'infanterie de gauche, et disposa de fortes colonnes pour enlever le centre de la redoute quand les attaques sur les ailes auraient réussi. La gauche fut enfoncée après de longs efforts, cinq fois la cavalerie approcha des fossés sans pouvoir les franchir. Le chef de brigade Duvivier y perdit la vie; Roize, Bessières, Letucq payèrent bravement de leur personne;

mais le feu de la redoute, se joignant à celui de trois chaloupes canonnières que l'ennemi avait dans le lac, rendait les abords inaccessibles.

A droite de la position, c'est-à-dire du côté de la mer, le général Fugières soutenait une lutte acharnée. Les Turcs étaient sortis de leurs retranchements, et s'étaient précipités comme des furieux sur les colonnes françaises; on combattit longtemps corps à corps et les Français furent repoussés. Fugières, Leturcq font des prodiges de valeur. Le premier reçoit une blessure à la tête, il continue néanmoins à combattre; un boulet lui emporte le bras gauche; il est forcé de suivre le mouvement de la 18e demi-brigade qui se retire sur le village dans le plus grand ordre, en faisant un feu très vif. Leturcq avait fait de vains efforts pour déterminer la colonne à se jeter dans les retranchements ennemis. Il s'y précipite lui-même, mais il s'y trouve seul; il y reçoit une mort glorieuse. Le chef de brigade Morangiz est tué.

Une vingtaine de soldats restent sur le terrain. Les Turcs, malgré le feu meurtrier du village, s'élancent pour couper la tête des morts et des blessés, afin d'obtenir l'aigrette d'argent que leurs chefs leur donnent pour chaque tête d'ennemi. Murat et l'adjudant major Roize se précipitent sur eux. Cette charge est faite si à propos qu'une partie des Français pénètre dans les retranchements et que la cavalerie parvient à se placer entre la redoute et la mer. Lannes se jette aussitôt sur la redoute par la face gauche, s'en empare, et chasse devant lui la garnison jusqu'au rivage où elle est attaquée encore par la cavalerie, coupée du village d'Aboukir et poussée dans la mer. Au lieu de les secourir, les chaloupes de la flotte tirent à mitraille sur ces malheureux vaincus pour les forcer à combattre, en sorte que, de quelque côté qu'ils se tournent, ils ne reçoivent que du fer.

La même manœuvre fut employée contre le village, dont la garnison fut également jetée à l'eau. Mais cette attaque faillit coûter la vie au brave Murat, qui s'était précipité dans le camp des Turcs, jusqu'à la tente de Saïd-Mustapha-Pacha, malgré la résistance des janissaires. Il s'avançait pour le faire prisonnier quand il reçut un coup de pistolet au-dessous de la mâchoire. Il répondit par un violent coup de sabre et réussit à s'emparer du pacha, qu'il envoya captif au quartier général.

A l'exception du fort qui demeura aux mains de l'ennemi, la victoire était complète : les tentes, les bagages, l'artillerie entière étaient au pouvoir des Français. Il ne restait plus sur la terre un seul ennemi, et la mer, aussi loin que pouvait se porter le regard, roulait des milliers de cadavres : 12.000 Osmanlis y avaient trouvé la mort.

Le fort résista avec une bravoure au-dessus de tout éloge : 1.500 hommes étaient ensevelis dans ses ruines que l'on parlait encore de se défendre. L'odeur horrible qui s'exhalait de cet épouvantable charnier ne pouvait fléchir ces âmes fortement trempées. Les vivres manquèrent ainsi que l'eau, et les assiégés furent contraints, pour se désaltérer, de boire le sang des chevaux égorgés. Ils se refusaient pourtant toujours à rien entendre en fait de capitulation. Leur orgueil s'en irritait; mais, poussés par une faim excessive, ils préférèrent se rendre sans condition et s'exposer à la fureur de l'ennemi plutôt que de paraître demander grâce. Ils sortirent tous, semblables à des spectres décharnés, et vinrent courber la ête devant les Français en attendant la mort. Leur chef, le fils du pacha et le kraya marchaient les premiers, les autres se traînaient péniblement à la suite. Leur aspect, leur maigreur, firent impression sur le cœur des Français qui procurèrent à ces infortunés, leurs ennemis, les soins et les encouragements. On leur apporta des vivres, ils s'en gorgèrent avec une telle avidité que presque tous périrent au milieu des plus atroces souffrances, leurs entrailles débilitées ne pouvant plus rien digérer. Ainsi fut détruite par le fer, par le feu, par l'eau, par la faim, toute cette magnifique armée.

Depuis six mois, Bonaparte est sans nouvelles de France. Il envoie à la flotte ennemie un parlementaire qui, sous prétexte de négocier un échange de prisonniers, essaiera d'obtenir quelques informations. Sidney-Smith éprouve un malin plaisir à faire connaître à Bonaparte tant de désastres : la coalition victorieuse, les frontières naturelles de la France abandonnées, le Rhin repassé, l'Italie perdue, les résultats de tant d'efforts et de tant de victoires anéantis. « Sachant Bonaparte privé de nouvelles, dit le commodore anglais, je crois lui être agréable en lui envoyant une liasse toute fraîche de papiers publics. » Bonaparte les reçoit dans la nuit du 3 au 4 août, et les lit jusqu'au lendemain avec un mélange de curiosité et de colère. Dès lors, sa résolution est prise. Il va retourner en France, malgré la surveillance des croisières anglaises. Le besoin d'eau et un accident survenu à l'un des navires ennemis vont suspendre le blocus et favoriser son départ. En attendant, il garde son secret, remonte le Nil jusqu'au Caire, y reste six jours, fait semblant d'être appelé par une inspection dans la province de Damiette, et revient mystérieusement dans les parages d'Alexandrie. Il a fait préparer par le contre-amiral Ganteaume deux frégates, *la Muiron* et *la Carrière*, et deux avisos, *la Revanche* et *la Fortune*. C'est entre l'anse de Canope et le Pharilon qu'il doit s'embarquer avec un petit nombre de compagnons : Murat, Berthier, Eugène de Beauharnais, Bourrienne et quelques autres, dans la nuit du 22 au 23 août. Sidney-Smith n'a même pas soupçonné un projet si téméraire et si invraisemblable.

Le prince Eugène nous racontera dans ses *Mémoires* ce départ qui ressemble à un épisode de roman : « En approchant d'Alexandrie, nous dira-t-il, je fus envoyé en reconnaissance au bord de la mer, pour savoir si l'on n'apercevait pas de préparatifs de débarquement. A mon retour, le général m'interrogea avec une sorte d'anxiété, mais l'expression de la satisfaction se peignit bientôt sur son visage lorsque je lui eus fait connaître que j'avais, à la vérité, aperçu deux frégates, mais qu'elles me paraissaient porter le pavillon français. Il avait lieu, en effet, d'être content, puisqu'il voyait réussir ses projets, car ces frégates devaient nous transporter en France. Il me l'apprit tout de suite en me disant : « Eugène, tu vas revoir ta mère. » Ces mots ne me causèrent pas toute la joie que j'aurais dû éprouver. Nous nous embarquâmes la nuit même, et je remarquai que mes compagnons de voyage éprouvaient à peu près les mêmes sentiments de gêne et de tristesse. Le mystère qui enveloppait notre départ, le regret de quitter nos braves camarades, la crainte d'être pris par les Anglais et le peu d'espoir que nous concevions de revoir la France peuvent expliquer ce mouvement de l'âme. »

Seul Bonaparte ne doute pas d'une heureuse traversée. Un calme plat retenant immobile la frégate sur laquelle il vient de s'embarquer, Ganteaume, découragé, lui propose de redescendre à terre. « Non, répond-il à l'amiral, soyez tranquille, nous passerons. » Le lendemain 23 août, au lever du soleil, le calme plat continue encore ; mais, à neuf heures du matin, la bise souffle, et Bonaparte, après avoir dit à l'Égypte un éternel adieu, vogue en pleine mer, certain que sa fortune ne le trahira pas.

La traversée était éminemment périlleuse : la mer était couverte de vaisseaux ennemis en observation. Il fallut, au départ, longer la côte d'Afrique malgré les vents et les courants. Une légère brise venant de l'est faisait avancer les vaisseaux durant la nuit ; mais, de jour, le vent soufflait à l'opposé, et faisait perdre souvent autant et plus que l'on avait gagné. On mit vingt jours à parcourir les 80 lieues qui séparent Alexandrie du cap d'Ocre, et plus d'une fois, en voyant au large le sommet de grandes toiles, on craignit de tomber entre les mains des Anglais.

Entre le cap Bon et la Sicile, le détroit était gardé par une croisière que l'on pouvait distinguer de loin. On s'attendait à le franchir de jour, mais, le vent ayant manqué, on n'y aborda qu'au milieu de la nuit. Par prudence, le contre-amiral avait éteint ses feux. Il traversa la croisière sans être inquiété. Cette simple circonstance, tenant à un courant d'air plus ou moins fort, sauva les intrépides navigateurs. L'île de Corse fut signalée le 27 septembre et les deux frégates mouillèrent le 30 dans le port d'Ajaccio.

Les vents sont alors contraires. Pendant plusieurs jours, Bonaparte se voit forcé de rester en Corse, où il craint que sa présence ne soit connue des Anglais. Enfin, le 7 octobre, le vent redevenant favorable, il se décide à gagner la côte de Provence, malgré tous les obstacles, et, faisant remorquer *la Muiron* par une chaloupe armée de vigoureux rameurs, il lève l'ancre. Toute la journée, la navigation fut bonne, on aperçoit déjà les côtes de France quand, tout à coup, du haut d'un mât, un adjudant de l'amiral Ganteaume s'écrie que, par le reflet des rayons du soleil couchant, il aperçoit à 6 lieues en mer plusieurs voiles. Évidemment ce sont des navires ennemis. On se croit perdu. Ganteaume déclare que Bonaparte n'a d'autre parti à prendre que de se jeter dans la chaloupe que remorque *la Muiron* et de rentrer à Ajaccio. Bonaparte refuse. Il fait remarquer que c'est le soleil couchant qui éclaire les vaisseaux ennemis à l'horizon et que ce même soleil doit laisser dans l'ombre *la Muiron* et *la Carrière*. « Nous voyons, dit-il, et nous ne sommes pas vus. Courage donc! Faites force de voiles. Tout le monde à son poste! Au nord-ouest! Au nord-ouest! » L'équipage est rassuré. On gouverne sur le mouillage le plus prochain, et le lendemain, à huit heures du matin, on entre dans la baie de Saint-Raphaël, à 800 mètres du village de ce nom, distant d'une demi-lieue de Fréjus. La traversée a duré quarante-quatre jours.

Nous sommes au 9 octobre 1799. Dans un mois ce sera le 18 Brumaire.

TABLE DES MATIÈRES

	Pages.
De Nice à Cherasco.	1
Lodi. — Castiglione.	51
De quelques traits héroïques.	79
Les armées de Sambre-et-Meuse et du Rhin.	87
Arcole	111
Rivoli.	136
La Bayonnaise et *l'Embuscade*.	167
En Égypte.	175
Sur le Nil.	231
Campagne de Syrie.	251
Autour de Zurich.	273
Aboukir	296

TABLE DES GRAVURES

	Pages.
Général Schérer	3
Ville et château de Nice	5
Combat de Voltri	9
Le colonel Rampon, a la tête de la 32ᵉ demi-brigade, défend la redoute de Monte-Legino	13
Bataille de Montenotte	17
Prise du château de Cossaria	21
Serurier	25
Prise des hauteurs de Monte-Zemolo	29
Le général Bonaparte reçoit a Millesimo les drapeaux enlevés à l'ennemi	33
Prise de Dego	37
Prise de la ville de Ceva (Évacuation du camp retranché par les Piémontais)	41
Prise des hauteurs de Saint-Michel	45
Bataille de Mondovi	49
Bombardement et prise de Fossano	53
Passage du Pô vis-a-vis de Plaisance	57
Bataille de Lodi (Passage de l'Adda)	61
Prise de Bignasco	65
Combat de Salo	69
Bataille de Lonato	73
Passage de la Brenta et prise du fort de Covelo	77
Bataille de Castiglione	81
Bataille de Castiglione	85
Prise du village de Primolano	89

TABLE DES GRAVURES

	Pages
Bataille d'Altenkirchen	93
Passage du Rhin a Kehl	97
Mort du général Marceau	101
Combat du pont de Lavis	105
Masséna	109
Bataille d'Arcole	113
Le général Augereau au pont d'Arcole	117
Combat dans le défilé de Madona della Corona	121
Joubert	125
Combat d'Anghiari	129
Bataille de Rivoli (Défense de l'armée française a Ferrara)	133
Bataille de Rivoli	137
Bataille de Rivoli	141
Le général Joubert a la bataille de Rivoli	145
Bataille de la Favorite, environs de Mantoue	149
Prise d'Ancône	153
La garnison de Mantoue met bas les armes devant le général Serurier	157
Combat dans les gorges du Tyrol	161
Bataille de Neuwied	165
Combat de la frégate française *la Bayonnaise* contre la frégate anglaise *l'Embuscade*	169
Préliminaires de la paix signés a Léoben	173
Caffarelli du Falga	177
Reynier	179
Débarquement de l'armée française en Égypte	181
Junot	185
Bataille des Pyramides. « Soldats, du haut de ces Pyramides, 40 siècles vous contemplent ! »	189
Lannes	193
Marmont	197
Bessières	201
Desaix	207
Révolte du Caire	209
Le général Bonaparte fait grace aux révoltés du Caire	213
Le général Bonaparte visite les fontaines de Moïse près le mont Sinaï	217
Général Bon	221

TABLE DES GRAVURES

	Pages.
Combat d'Aboumana (Haute-Égypte)	225
Halte de l'armée française a Sienne (Haute-Égypte).	229
Lecourbe.	233
Combat de Benouth.	237
Bonaparte visite les pestiférés de Jaffa.	241
Combat de Nazareth.	245
Suchet.	249
Bataille du mont Thabor.	253
Moncey.	257
Monge.	263
Passage de la Limmat.	265
Passage de la Linth a Bitten.	269
Combat du pont de Noeffels.	273
Bataille de Zurich.	277
Position et combat de Glaris.	281
Combat de Wesen.	285
Augereau.	289
Bataille d'Aboukir.	293
Débarquement en France du général Bonaparte a son retour d'Égypte.	297

IMPRIMERIE DESLIS FRÈRES, 6, RUE GAMBETTA, TOURS

ENCRE LORILLEUX

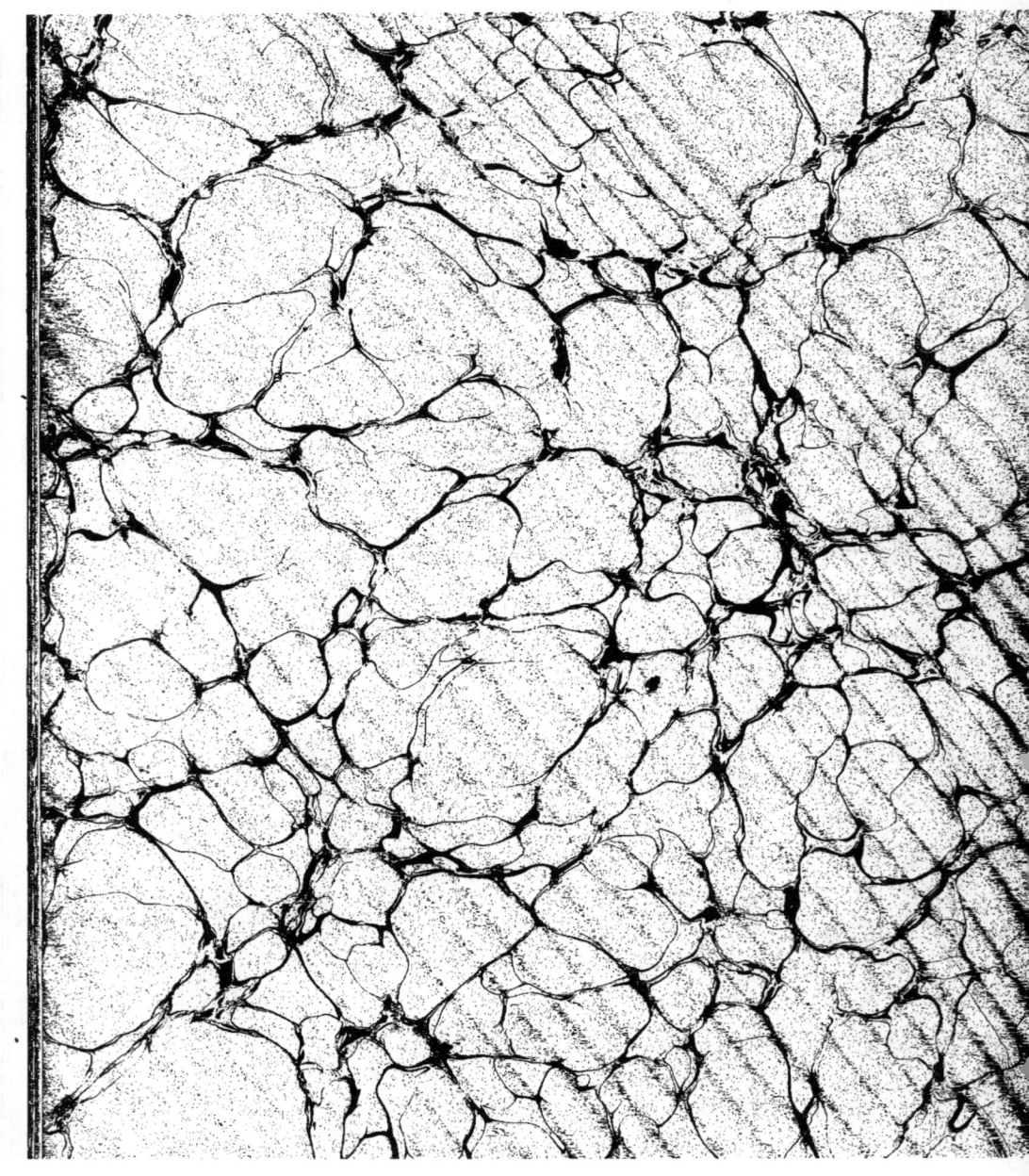

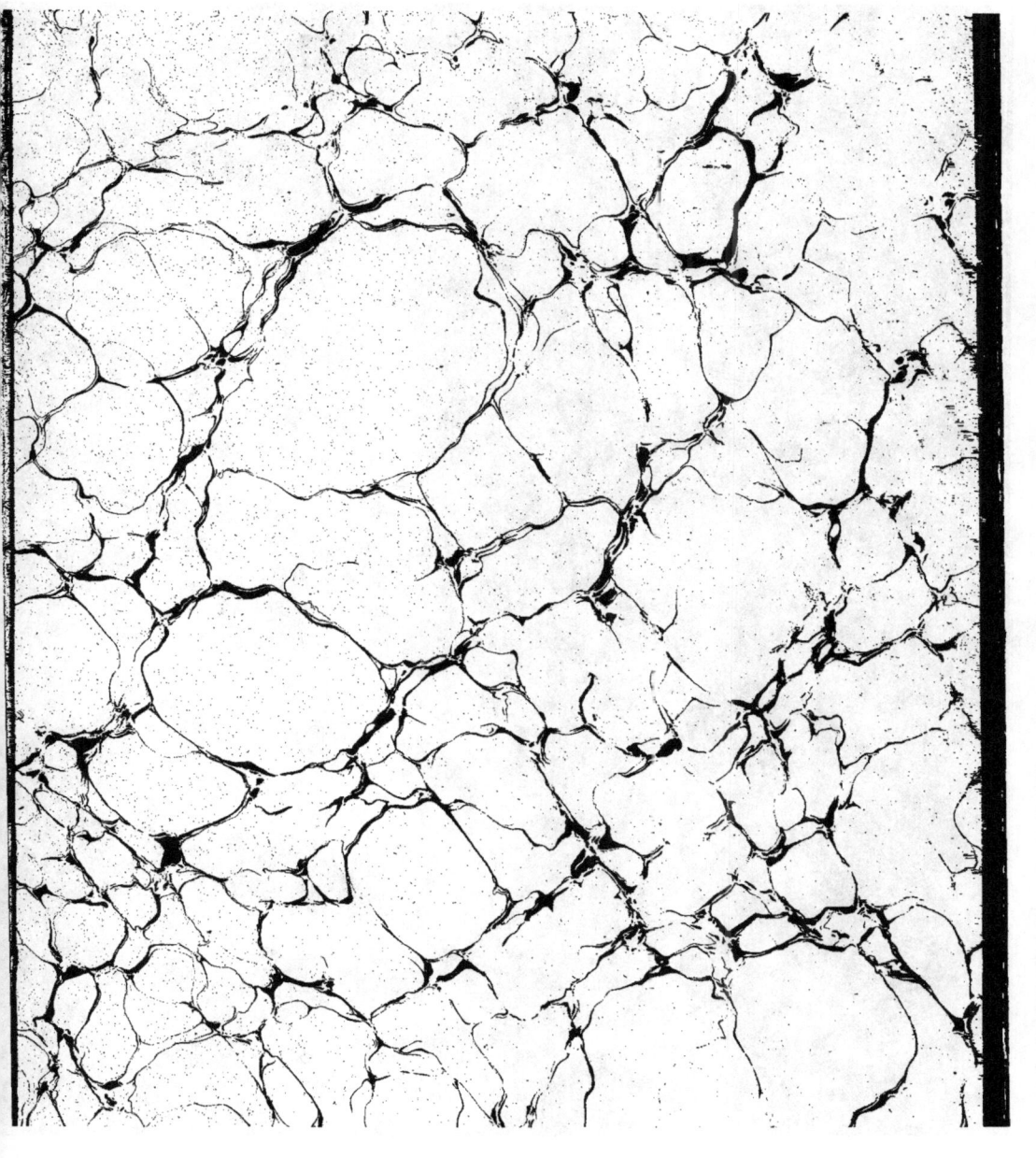

www.ingramcontent.com/pod-product-compliance
Lightning Source LLC
Chambersburg PA
CBHW070617160426
43194CB00009B/1292